جراحة
وطب الأطفال

الطبعة الأولى

2023

ISBN 978-614-503-016-4

Tel: 00961 3 385 257 - Email: dar-albayan2021@hotmail.com

الدكتور كمال توبة

جراحة وطب الأطفال

2023

الإهـــــدَاء

إلى الأهل الذين يسهرون
على صحة أبنائهم وسلامتهم...
أهدي هذا الكتاب...

مُقَدِّمَة

حاولت قدر المستطاع الكتابة بأسلوب مبسّط وسهل، لكي يستطيع القارئ العادي أن يستوعب ويتفهّم ما يحتويه هذا الكتاب من بعض الأمراض الجراحية والمشاكل الخطيرة والمستعجلة الأكثر مشاهدة في فترة الطفولة، والتي قد تتطلّب من الأهل التحرّك بسرعة لإنقاذ حياة الطفل في الوقت المناسب، حيث إن الأهل وتحديدًا الأم هي أول من تكتشف أي تغيّرات غير طبيعية تحدث لطفلها، وتساعد على تشخيص حالات كثيرة منها، كالفتق الإربي أو البيضة الهاجرة وغيرها... لذلك يجب تفهّم حالة الأم والاستماع إليها وتنمية الوعي عندها للحفاظ على حياة صحية وخالية من الأمراض عند طفلها، لذلك كان الهم الأول من خلال سطور هذا الكتاب تبسيط الأمور العلمية وصياغتها بطريقة ميسرة لكي يستفيد منها القارئ الكريم.

والله ولي التوفيق
د. كمال توبة

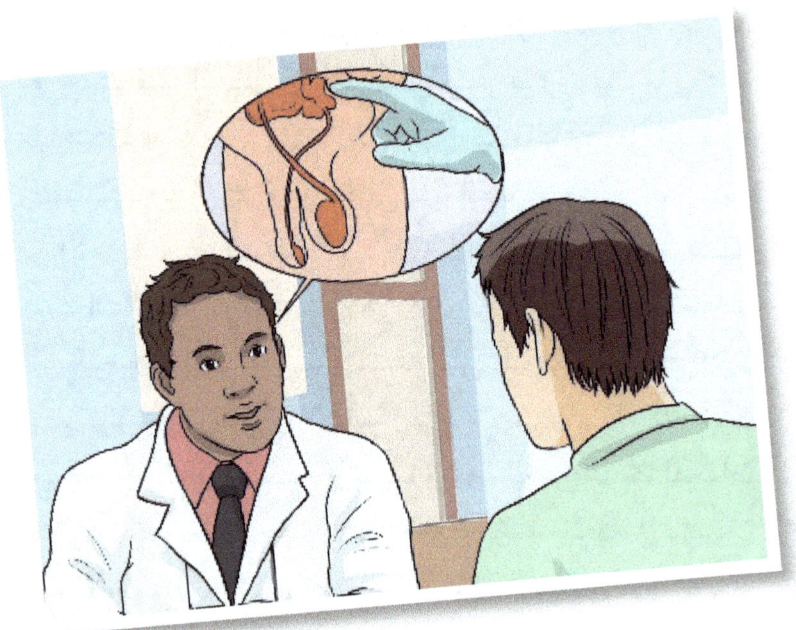

الأمور التي يجب التفكير فيها قبل إجراء أي عملية جراحية لطفلك...

إن إجراء أي عمل جراحي لشخص ما يكون حدثًا استثنائيًا في حياة العائلة جمعاء، حيث إنه كثيرًا ما نجد المريض ومن يحيط به في حالة عدم تركيز وضياع من حيث الاستعداد النفسي والمعنوي لمواجهة هذا الحدث. أما إذا كان التحضير جيدًا؛ فهناك، بالإضافة إلى العامل النفسي، العامل المناعي الذي يكون مفعّلًا بشكل جيدٍ، إذا علمنا كيف نستعدّ لهذا الحدث بالصورة المطلوبة، وأن تكون الأسئلة موجّهة بشكل مفيد لما فيه خير المريض، فكيف إذا كان العمل الجراحي لطفل صغير؟ كيف ستكون حالة الوالدين النفسية والمعنوية؟ ومن هنا تبدأ القصة حيث إن للوالدين الدور الأكبر في تحضير وإعداد طفلهم للعمل الجراحي، وهناك دور متمم للمستشفى وللطبيب الذي سيقوم بالعمل الجراحي. يجب على الأهل أن يعرفوا أن حالتهم النفسية والمعنوية ستنعكس سلبًا أو إيجابًا على طفلهم، لأن الأطفال يقلدون مواقف آبائهم ويتبنونها بشكل عفوي، فإذا كان الوالدان

كثيري التأفف وشديدي الخوف فلا شك أن الطفل سيصل إلى المستشفى مذعورًا خائفًا، لذلك المطلوب من الوالدين توفير الجو النفسي الملائم قبل وبعد العمل الجراحي والقيام بالشرح للطفل ما يمكن استيعابه والحفاظ على معنويات عالية لطفلهم، وفي الوقت نفسه توفير الراحة لأنفسهم عن طريق التناوب في التواجد مع الطفل في المستشفى وتوفير الوقت اللازم لأنفسهم للنوم والاستحمام وتناول الطعام.

هناك خطوات إضافيّة مهمّة لا بد منها قبل العمل الجراحيّ:

الخطوة الأولى طبعًا في حالة الأطفال هي مقابلة الجرّاح الذي سيجري هذه العملية الجراحية، وهي خطوة في غاية الأهمية، لذلك يجب استغلال هذه المقابلة بطرح الأسئلة والنقاط المفيدة وهو أمر مهم جدًّا، وحتمًا سيكون له أثرٌ مهمٌّ على المعنويات أولًا وعلى الاستعداد لهذه العملية، وعلى فترة دخول المستشفى، وحتى فترة النقاهة ما بعد إجراء العملية. ومن المهم إفساح المجال للطفل ما بعد عمر المدرسة للسؤال عن أية أمور أو معلومات تجول في خاطره، أو أية أسئلة يريد توضيحًا لها حول العمل الجراحي، لذلك يجب إعطاؤه الفرصة لكي

يشارك في الأسئلة بدل الاحتفاظ بها لنفسه، لأنها قد تزيد من مخاوفه وتنعكس سلبًا على حالته النفسية وتزيدها سوءًا. ولا بد من الإشارة إلى أن الأطفال في هذه الفئة العمرية قد يصلون إلى فترة الإنكار لبعض الأعراض التي قد تحدث عندهم بعد الجراحة، والتي لا بد للجراح أن يعرفها كالأمساك أو عدم القدرة على التبول أو أي عرض استثنائي يحدث عند الطفل لم يكن موجودًا قبل الجراحة، لما لذلك من أهمية عند الجراح، لذلك يجب كسب ثقتهم وإعطاؤهم الفرصة للتعبير عما يجول في خواطرهم. أما الأطفال من الفئة العمرية ما قبل المدرسة فإنهم يحتاجون إلى عناية مختلفة، لأن البكاء قد يكون الطريقة الوحيدة التي يستطيعون التعبير بها لما يجول في أنفسهم. كذلك من المهم أيضًا مقابلة طبيب التخدير لطرح بعض الأسئلة والاستفسارات منه عن الفترة الزمنية التي سيبقى فيها الطفل نائمًا وفترة الإنعاش ما بعد الجراحة، كذلك لا بد من السؤال عن نوع التخدير المستعمل واختلاطاته الجانبية الآنية والبعيدة إن وجدت، والتي قد تحدث خلال أو بعد الجراحة.

ما هي أهم الأسئلة
قبل إجراء العملية؟

إن أسئلة غالبية المرضى وذويهم قبل العملية تتلخّص في سؤالين اثنين: ما هي نسبة نجاح العملية؟ والوقت الذي سيستغرقه إجراء العملية؟ وهذا السؤال يكون بشكل عام للمرافقين المنتظرين خارج غرفة العمليات، كذلك السؤال الثاني ما هو عدد الغرز أو القطب للجرح في العملية؟

لا توجد أية فائدة فعلية لهاتين النقطتين؛ فنسبة نجاح العملية لها عدة مقاييس: الوقت الذي يحتاجه المريض من التخدير، كذلك الوقت الذي سيمضيه في غرفة الإنعاش، وعدم حدوث مضاعفات من ناحية التخدير ومن ناحية الجراحة كالنزف غير المتوقع أو غيره. لذلك يعد إجراء العمل الجراحي بشكل جيد، كاستئصال ورم أو مرارة أو تصنيع فتق أو بيضة هاجرة بشكل جيد وبدون مضاعفات، نجاحًا، ولا يوجد إجابة دقيقة لهذه الأسئلة.

لذلك يجب أن تكون الأسئلة موجّهة وتشمل نقاطًا مهمّة نذكر منها:

أول ما يخطر على بال المريض: هل أنا أو طفلي بالفعل بحاجة لهذه العملية أم توجد بدائل أخرى؟

أحيانًا قد يكون الخيار الجراحي ليس إجباريًا، وخاصة إذا كان متعلّقًا بالناحية التجميلية، وقد يوجد له بدائل كثيرة، مثل المتابعة الدورية، أو التداخلات البسيطة minimal invasive والتي تتطور بسرعة كبيرة يومًا بعد يوم.

ناقشْ طبيبك بكل هذه الخيارات، واحرصْ أن تكون متأكّدًا أن الخيار الجراحي هو الأفضل لحالتك أو حالة طفلك، ويمكن الاستعلام عن الطريقة التي ستُتَّبع: بالمنظار أم جراحة تقليدية مفتوحة، وما هي خصائص كل طريقة ونسبة النكس فيها، وفترة الاستشفاء في كل منهما والمضاعفات المحتملة سواء كانت حادة أو مزمنة وإمكانية تجنبها وعلاجها إن حصلت.

هل أجريت حالات جراحية مماثلة لحالتي أو حالة طفلي وما هو عددها خلال سنة مثلًا؟

هذا أيضًا سؤالٌ مهمٌّ. إن تكرار عملية جراحية معينة لجراح معين يتناسب طردًا مع الخبرة التراكمية لهذه العملية، مع التركيز

على نوع الجراح. فمثلًا إذا كان المريض طفلًا؛ توجّهْ مباشرة إلى جـرّاح أطفال. تأكدْ أن تجري عمليتك عند من لديه خبرة كافية في عمليات مماثلة [القول الشعبي: إعطاء الخبز للخباز...].

بشكل عـام، فإن الجرّاح الذي أجـرى حوالى ٢٠ عملية مماثلـة من الجراحات الكبيرة والمعقـدة خلال عام، فهذا يعدّ عددًا كافيًا لتكون مطمئنًا لإجراء العملية.

هل المشفى الذي سيتم فيه العمل الجراحي مجهّز بشكل جيد؟

تأكّدْ أن تجري عمليتك الجراحية في مستشفى ذات جاهزية عاليــة لأي طارئ، مهمــا كانت العملية بسيطة، كغرفة العناية المركزة، ووجود بنك الدم، حتى لو كان العمل الجراحي بسيطًا، كذلك وجود عناية مشددة لحديثي الولادة أمر في غاية الأهمية، مهما كانت فترة الحمل أو الولادات السابقة يسيرة.

هل هناك اختلاطات محتملة؟

السـؤال عن الاختلاطات المحتملة للجراحة التي ستجري من جميع النواحي وطرق علاجها، سواء من ناحية الالتهابات إلى النــزف إلى النكس، إلى الاختلاطات الحادة إلى المزمنة، وهل يمكــن وجود اختلاطات نــادرة ولكن ممكنة وطريقة مقاربتها؟ كذلــك الاختلاطات التي لا يمكن علاجها إن وجدت وهذا ما يساعدك على تفهم مشكلتك ومواجهتها بصلابة، كذلك يساعدك

على التفريق ما بين المضاعفات والأخطاء الطبية.

التواصل مع مريض أجريت له نفس الجراحة عند نفس الجراح

وذلك لأخذ فكرة أوضح من شــخص عاش تجربة خاصة ستمر بها حتمًا ليعطيك فكرة أوضح، وطبعا سيتكلم على تجربته بتجــرد، وقد يلفــت نظرك لأمور قد تكــون غابت عن ذهنك، ويجنبــك أخطاء قد تكــون حدثت معه، وأخيرًا وليس آخرًا فإن نقطــة البداية تبدأ عنــد الأهل وتنتهي عندهم مــرورًا بالجراح والمستشفى وطاقم التمريض.

الخـتـان...! Circumcision

ما هو الختان: عندما يولد الطفل الذكر يكون هناك غطاء من الجلد يغطي رأس القضيب يدعى القلفة.

والختان هو إزالة كل أو جزء من تلك القلفة وترك الحشفة مع القضيب مكشوفة. تاريخيًا الختان يمارس لأسباب ثقافية أو دينية أو طبية، وهذه العادة منتشرة في كثير من الأجناس والأعراق ابتداءً من الفراعنة ثم اليهود والإسلام وبعض الطوائف المسيحية. وقد ورد في العهد القديم أن إبراهيم عليه السلام قد ختن نفسه وهو في التاسعة والتسعين من العمر، وختن أبناءه وأوصاهم به مـن بعده، حيث هناك مـن يعتقد أن الرب جعل عهدًا بينه وبين إبراهيم بأن: اختنوا رأس قلفة غرلتكم، فتكون علامة بينه وبينهم.

كذلك تم العثور على رسـومات تعود إلى العصر الحجري الحديـث والكتابة الهيروغليفية المصريـة واصفةً الختان، وقد كانت تجري بينهم حيث كانوا يعتقدون أنها قربان للإلهة.

ومن الجدير ذكره، أن ما بين خمس إلى ربع سكان الأرض مختونون، وهناك دراسة تشير إلى أن حوالى 60%-65 من الرضع مختونون في الولايات المتحدة الأمريكية، وحوالى 35%-40 في

كندا، وحوالى 13-20٪ في أستراليا. لكن هناك محدودية في إجراء الختان بين الفرنكوفونيين، بالإضافة للأسباب الدينية والثقافية. وتقول الأكاديمية الأمريكية لطب الأطفال إن فوائد الختان تفوق بكثير مخاطره، ومع ذلك لا توصي بالختان الروتيني لكل حديثي الولادة وتترك الأكاديمية قرار الختان للوالدين.

استطبابات لإجراء الختان نذكر منها الحالات الآتية:

إصابة الطفل بثلم القلفة، أو تكرار التهابات الحشفة، أو قلفة طويلة بشكل غير عادي، أو تضيق القلفة وصعوبة التبول، أو حالة التراجع القسري للقلفة، ما يتسبب باختناق الحشفة، وهي حالة طارئة طبعًا بالإضافة للأسباب الدينية والتقاليد الاجتماعية.

هناك مضادات استطباب لإجراء الختان ومنها :

التشوّهات الولادية التي تصيب القضيب ونحتاج فيها للقلفة لإصلاح التشوّه الحاصل، كذلك في حالات ولادة الرضيع قبل موعـد الولادة [الخدج]، أو إذا كان وزن الولادة قليلًا مع صغر القضيب.

فوائد الختان : هناك دراسات كثيرة في هذا الصدد.

في دراسة أمريكية تشير إلى أن الختان يقلل بنسبة 60٪ من احتمال إصابة الرجال بالفيروس الحليمي البشري.

كذلك، هناك دراسة تشير إلى أن الختان يقلل بمقدار النصف من مخاطر الإصابة بسـرطان البروسـتات، وكذلك من مخاطر الإصابـة بالأمراض المنتقلة عن طريـق الجنس، ومن التهابات المجـاري البوليـة، حيـث إن الأطفـال غيـر المختونين عرضة للإصابة بالتهابات المجاري البولية أكثر من الأطفال المختونين، كذلك في سرطان القضيب تكون نسبة الإصابة به عند المختونين أقل بكثر من غير المختونين. وعلينا أن لا ننسـى أن الختان يعدّ رعاية صحية وقائية ونظافة شخصية في الوقت نفسه.

وهناك دراسات تشير إلى أن النساء المتزوجات من مختونين، أقل عرضة للإصابة بسرطان عنق الرحم عن غيرهم من النساء.

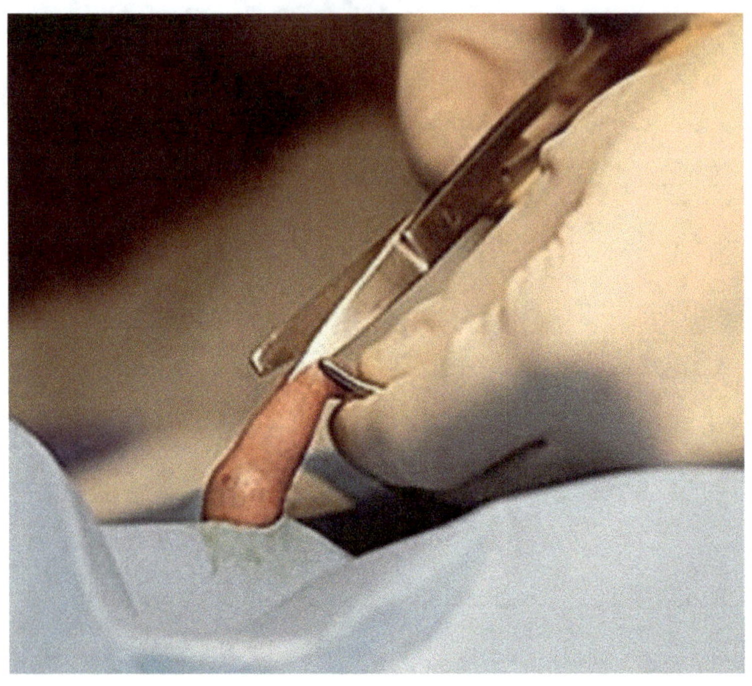

مخاطر الختان: وهي نادرة جدًّا، ففي بعض الحالات قد يتم قطع جزء طويل من القلفة،ة ما يؤدي إلى انطمار القضيب، كذلك أحيانًا قد يتم قطع جزء قصير للغاية، ما قد يؤدي إلى إعادة إجراء الختان مرة أخرى . قد يتعذر شفاء القلفة على النحو المناسب، وقد يلتصق الجزء المتبقي من القلفة بطرف القضيب، ما يتطلب لاحقًا عملًا جراحيًّا ثانويًّا، النزيف، والالتهاب.

عملية الختان: تستمر حوالى 15 دقيقة، حيث يجب إجراؤها بأدوات معقمـــة خوفًا من الاختلاطات، ففي بعض الدول هناك

أشخاص ليسوا أطباء يقومون بإجراء الختان، لذلك على الأهل الحذر لأنه إذا لم يجر الختان بأياد خبيرة، فإن الطفل وحده يدفع الثمن ويجب أن نعرف بأن الطبيب بعد سن الستة أشهر من النادر أن يوافق على إجراء الختان بدون بنج. ويجرى الختان عادة ما بين 1-14 يومًا من الولادة، ويفضل أن يُجرى في الأسبوع الأول لأنه في هذه الفترة العمرية حس الألم يكون قليلًا جدًّا والتئام الختان يتم عادة من 7-14 يومًا.

يوضع الطفل بوضعية الاستلقاء، ويثبت يديه ورجليه بلاصق خاص، وبلطف شديد ينظف القضيب والمنطقة المحيطة به بمطهر، ثم يوضع مخدر موضعي يتم إزالة الجلد [القلفة] التي تغطي رأس القضيب عن طريق وضع مشبك حول رأس القضيب، ثم يوضع مرهم قد يحتوي أحيانًا على مضاد حيوي ثم يلف بالشاش المعقم.

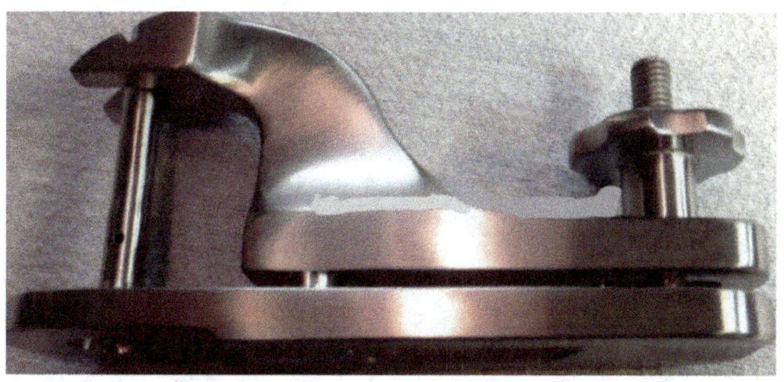

جهاز يستخدم أحيانًا لإجراء الختان

نصائح للأهل: عدم الهلع إذا لوحظ في الساعات التالية للختان أن طرف القضيب متوذم، أو قد يظهر باللون الأحمر، لأن ذلك طبيعي ويختفي خلال أيام قليلة. بعد مرور 24 ساعة يمكن البدء بإجراء مغاطس من الماء مع القليل من البيتاداين للحفاظ على المنطقة نظيفة قدر الإمكان وتنظيفها بالماء الدافئ وعند كل تغيير للحفاض يجب تغيير الضمادة والتأكد أن يكون الحفاض فضفاضًا لتجنب الالتصاق به. أحيانًا قد يلاحظ وجود قشرة تكون صفراء على طرف القضيب يجب تنظيفها بلطف ووضع الفازلين أو كريم يحتوي على مضاد حيوي. يجب عدم استعمال مناديل الأطفال حتى التئام الختان.

متى يجب رؤية الطبيب؟ يجب رؤيته حالًا في حالات النزف المستمر أو في حال خروج مفرزات أو رائحة كريهة من القضيب، كذلك يجب رؤيته إذا بقي الطفل 24 ساعة من دون تبول بعد الختان.

وهناك جمعيات كثيرة مناهضة لإجراء الختان، وهناك جمعيات مؤيدة له، وكل منهم يعتقد أنه يعمل لمصلحة الطفل والمجتمع، ولكن الكلمة الفصل في هذا الموضوع هي للأهل بالدرجة الأولى ومن ثم للطبيب بغض النظر عن أي شيء آخر...

الفتق الإربي عند الأطفال ...

الفتــق الإربي هو مرور بعض أحشــاء البطن كالأمعاء عند الذكور أو المبيض عند الإناث عبر مكان ضعيف في جدار البطن نتيجة عدم انغلاق عضلة هذا الجدار بشكل صحيح، وتكون هذه النقطة الضعيفة في القناة الإربية، أي موضع مرور الحبل المنوي إلى كيس الصفن، ويمكن تشبيهه بقطعة القماش التي فيها مكان ضعيف فتنفتق.

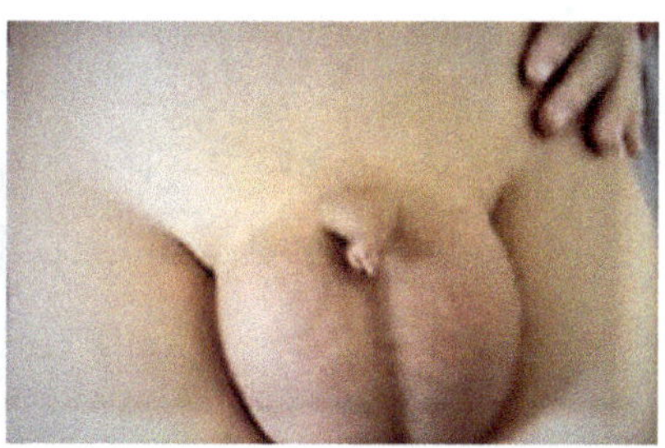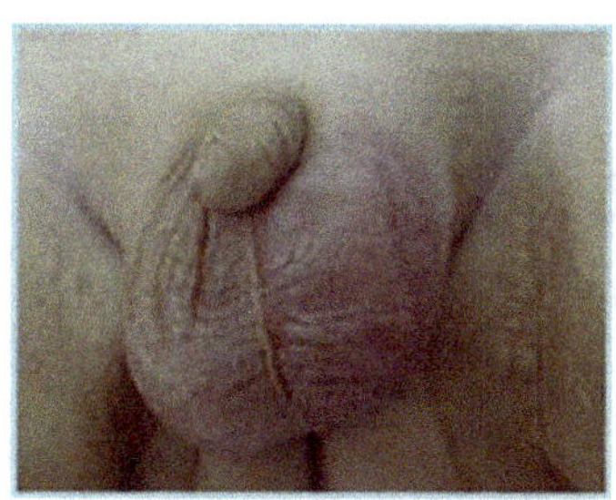

كيف يحدث الفتق؟

عنــد الجنيــن، وقبل أن يولد الطفل، تكــون الخصيتان أو المبيضان موجودتين في البطن مع وجود رباط خاص يربط كل منهما بالصفن عند الأطفال، والأشفار عند الإناث.

مـع اقتراب الولادة، يشـد هذا الرباط هـذه الأعضاء إلى موقعهـا الطبيعـي، فالخصية تتجه إلى الصفـن والمبيضان إلى الحوض، وهذا النزول يتم عبر قناة تسـمى القناة الإربية، وهي تنغلق بشكل دائم حول الولادة.

ولكـن الذي يحـدث أن تبقى هذه القناة مفتوحة بعد رحلة النزول كما ذكرنا سابقًا، ويتكوّن كيس فتق في هذه القناة، حيث يدخـل جزء من الأمعاء ضمن ذلك الكيس وتلك القناة التي لم تنغلق بعد.

والجديـر ذكره، أن الفتق أكثر ما يشـاهد بعد الولادة، وقد أثبتت الدراسـات أن نسـبة حدوثه حوالى 4-6٪ عند الأطفال الأصحاء الذين يولدون بالفتق الإربي، وترتفع النسـبة إلى أكثر من 30٪ عند الأطفال الخدج، ويمكن أن يتأخر ويشاهد في أي عمر، وأن نسـبة حدوثه في الجهـة اليمنى حوالى 65٪ وحوالى 25٪ في الجهة اليسرى و10٪ في الجانبين.

العوامل المهيئة :

- أكثر ما يشاهد عند الخدّج.

- إصابة الذكور أكثر من الإناث.

- أحيانًـا يربط بالعامل العائلي حيث يُشـاهد عند عائلات

عندهــا الفتق أكثر من غيــره عند أطفال قد يكون أصيب به أحد الآباء أو الإخوة.

- أحيانًا يشاهد مع الفتق بعض التشوهات الولادية المرافقة: كالخصية الهاجرة أو الإحليل التحتي وغيره.

هل يستطيع الأهل تشخيص الفتق:

إن الأهل هــم أول من يلاحظون وجــود كتلة بارزة أعلى الفخذ وأسفل البطن، أو في كيس الصفن، وما يلفت نظرهم أنها تزداد حجمًا عند البكاء وتختفي في حالة الراحة.

الطبيب كيف يضع التشخيص:

أولًا يستمع إلى القصة المرضية من الأهل، ثم يقوم بفحص الطفل، وذلك لكشــف الفتق عن طريق الفحص السريري. طبعًا بعد أن يكون الطفل بوضعية الاستلقاء حيث يضع يده في مخرج القنــاة الإربية ويطلب من الطفل الســعال أو إجراء ضغط على البطن فيشعر بالفتق يدفع اليد الفاحصة.

كذلك قد يلجأ الطبيب لتأكيد التشخيص بإجراء السونوغرام أو الإيكو، ومن ثم يضع تشخيصًا تفريقيًا مع عدد من الحالات مــن أهمها: القيلة المائية، وهي عبارة عن تجمع ســوائل داخل الخصية، وقد تكون متصلة (أي القناة فيها فتحة صغيرة)، وتعامل

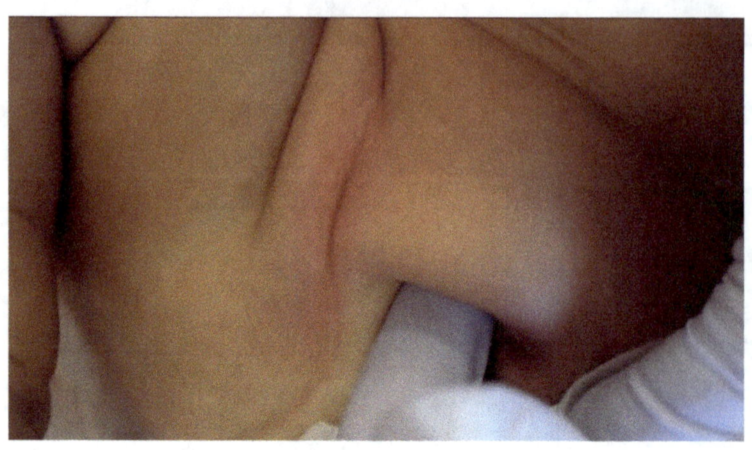

معاملة الفتق، وأحيانًا تكون غير متصلة وتشفى تلقائيًا.

الأعراض:

انتفــاخ المنطقة الإربيــة على جانبي العانــة، ويصبح هذا الانتفاخ أكثر وضوحًا عند الوقوف أو الســعال أو عند التبول أو التبــرز مع الشــعور بحس الثقل في المنطقة، وإذا كانت فتحة خروج الفتق صغيرة عندها قد يترافق مع الشعور بالحرقة والألم، وأحيانًا يصل إلى انتفاخ الصفن وقد يعبر الطفل عن الألم بالبكاء.

مخاطر الفتق:

مــن أهمها وأخطرها هو خروج كتلة من الأمعاء إلى كيس الفتــق مع عدم إمكانية رجوعها إلى جوف البطن، ما يؤدي إلى حالة تسمى اختناق الفتق، حيث تنقطع التروية الدموية عن الجزء

مـــن الأمعاء المحتجز والموجود خارج القناة، فنشـــاهد أن لون الجلد يصبح داكنًا، مع احمرار وقساوة في منطقة الفتق مترافق مع ألم شديد وارتفاع في الحرارة، تسرع قلب، حالة تململ وصراخ، ثم غثيان وإقياء، وعدم القدرة على التبرز، وإذا ما استمرت هذه الحالة لساعات تتموت قطعة الأمعاء الخارجة وتصاب بالغرغرينا وهي حالة إسعافية طارئة تتطلب تدخلًا جراحيًا فوريًا.

العلاج:

هو دائمًا جراحيّ، والعمل الجراحيّ بسيط، وغالبًا لا يستمر أكثـــر من ثلاثين دقيقة، طبعًا يبدأ بالتخدير العام، ومن ثم توضع المطهـــرات مكان إجراء العمل الجراحي ويجرى شـــق في الجلد في المنطقة الإربية، يستأصل كيس الفتق مع الانتباه الحفاظ على الحبل المنوي والأوعية التي يحتويها سليمًا، ومن ثم يقفل الشق.

وبعدهـــا ينقـــل الطفـــل إلـــى غرفة الإنعـــاش، ومن ثم إلى غرفته، وقد يرســـل إلى البيت في اليوم نفســـه، وعلى أبعد تقدير في اليوم التالي. الطفل قد يحتاج لمسـكن لطيف بعد الجراحة، ولا داعي لأخذ المضادات الحيوية، كذلك يجب الاعتناء بمنطقة الجـــرح نظيفة وذلك لتجنب التلوث، وبالتالي الالتهاب. وطبعًا إذا أصيب الطفل بحرارة عالية خاصة بعد اليوم الثالث للجراحة يجب الاتصال بالطبيب المعالج.

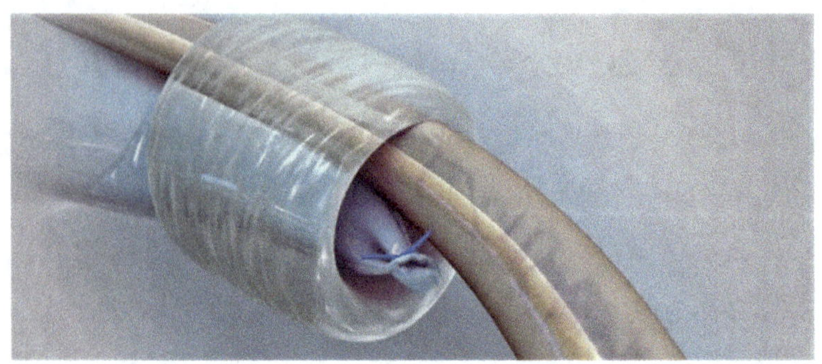

مضاعفات العمل الجراحي:

من أهمهــا، مضاعفات التخدير العام (البنج)، ومنها غثيان وإقيـــاء، الأم في الحلق، وأحيانًا احتباس بول، وبكل الحالات، فــإن طبيــب البنج يقوم بزيارة المريض فــي اليوم ما قبل العمل الجراحي، ويقوم بشرح المخاطر للأهل، ويسألهم إذا كان لدى الطفل تحسس تجاه دواء معيّن.

الاختلاطات:

- التهاب الجرح وهو قليل الحدوث.

- النكس ونسبة حدوثه حوالى 1%.

- إصابة الحبل المنوي (الأسـهر) إذا أجريت بأيدٍ ليسـت خبيرة.

- إصابة الخصية.

خلاصة القول:

إن الفتـوق واسـعة الانتشـار، وتصيب الأشـخاص بكل الأعمار، ولكن نسبتها حوالى 20٪ من الجراحات عند الأطفال، ويمكن أن تسبب مضاعفات خطيرة نحن بغنى عنها إذا لم تعالج بطريقـة صحيحة، مع التمنيات من الأهل عدم وضع الحزام أو الزنـار الذي قد يصفه البعض، لأنه من وجهه نظرنا من العوامل المسـاعدة في زيادة نسـبة اختناق الفتق، لأن الأهل قد يقومون بوضـع الحـزام في الوقـت الذي يكون فيه محتـوى الفتق في الخـارج، ما يـؤدي إلى انضغاطه وانقطـاع التروية الدموية عنه وبالتالي كما ذكرنا اختناق الفتق.

القيلة المائية عند الأطفال
Hydrocele

هي تجمع سائل شفاف بداخل كيس له جدار رفيع، وقد تظهر عند الولادة أو تتأخّر قليلًا، هـذا الكيس يحتوي بداخله أيضًا على الخصية والأوعية الدموية المرافقة والملحقة التي تكـون خلال فترة الحمل داخل جوف البطن، حيث يتم انتقالها في الأسبوع 28-36 من الحمل إلى كيس الصفن عبر قناة تسمى القناة الأربية، في الحالات الطبيعية يغلق هذا الكيس ويمنع انتقال محتويات التجويف البطني والسائل البريتواني إلى الكيس، وأحيانًا قد لا يغلق تمامًا، ما يسمح بانتقال السائل من جوف البطن ليتجمع حول الخصية مسبّبًا انتفاخ كيس الصفن، إذا هو تجمع سائل شفاف آت من جوف البطن إلى كيس الصفن عبر تلك الفتحة التي كان يجب أن تغلق ولكن لسبب ما بقيت مفتوحـة. قد تكون القيلـة المائيـة أحادية الجانب وقد تكون في الجانبين، نسبـة حدوثها حوإلى 2٪ مـن حديثي الولادة وتكثر مشاهدتها أكثر عند الخدج.

أنواعها :

1 - القيلة المتصلة التي تسمح للسائل البريتواني أن يدخل

ويخرج بسهولة، ويتميز هـذا النوع بأن كيس الصفن يكون بالوضعية الأفقية أو عند النوم والاستيقاظ صباحًا شبه طبيعي، ولكن خلال النهار يبدأ حجمه بالازدياد، كما أن حجم الكيس يزداد عند الوقوف أو السعال أو زيادة الضغط داخل البطن.

2 – القيلــة غير المتصلة وهي ثابتة الحجم ولا تتأثر بضغط البطن، وقد تشفى تلقائيًا إذا كانت صغيرة الحجم، أما إذا بقيـت لأكثر من سـنتين أو ازداد حجمها فعلاجها كعلاج القياة المتصلة، والملفت أنها قد تظهر أثناء نمو الطفل.

أحيانًـا يكون الأهل بحالة اسـتنفار دائـم لأن حجم القيلة كبيـر أو أنه يزداد، لذلك ننصح الأهـل بالمحافظة على الهدوء لأن القيلة المائية بشـكل عام ليسـت خطيرة ولا تؤثر سلبًا على الخصوبـة والإنجاب، وخاصة إذا تم التأكد أنها غير مترافقة مع فتق إربي.

التشخيص:

الفحـص السريري الدقيق والقصة المرضيـة الجيدة هي المفتـاح الأول للتشـخيص، حيث يكون ملمـس القيلة المائية ناعمًا، ويمكن بسهولة الشعور بالسائل داخلها، وكذلك هناك

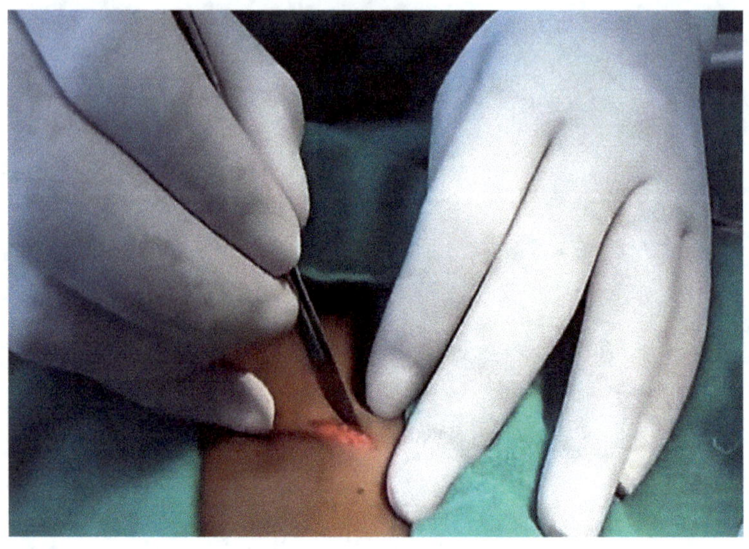

وســائل مساعدة للتأكد من التشخيص، منها تسليط الضوء على القيلة وملاحظة اختراق الضوء من الجهة الأخرى، لأن الســائل صــافٍ وناقل للضوء، كذلك يلجأ إلى الســونوغرام لمشــاهدة السائل وتحديد حجمه ومعرفة ما إذا كانت القناة مفتوحة وذلك من أجل تشخيص دقيق.

العلاج:

القيلة المائية غير المتصلة يجب مراقبتها لعمر 2 – 3 سنوات، فإذا استمر الحجم كما هو أو زاد عندها نلجأ إلى الجراحة.

القيلــة المائية المتصلة علاجها الجراحة، حيث يبدأ العمل الجراحــي بإجراء شـــق صغيــر في الناحية الإربيــة ويزال ذلك

الكيس، ثم يفرغ السائل المتجمع ويغلق الناتئ الغمدي الذي كان مفتوحًا طبعًا العمل الجراحي يكون تحت تأثير البنج العام.

يمنع منعًا باتًّا بزل القيلة المائية لما لها من مخاطر التهاب كيس الصفن وعودة السائل كما كان قبل البزل.

جراحة القيلة المائية بشكل عام جراحة بسيطة وهي من جراحات اليوم الواحد أي أن الطفل يغادر المستشفى في نفس يـوم العمل الجراحي، وهي جراحة ليس لها مخاطر كبيرة على الطفل سوى بعض الألم أو التوذم البسيط الذي قد يحصل خلال الأيام الأولى للجراحة.

الاختلاطات:

التهاب مكان العمـل الجراحي لذلك نظافة الجرح مهمة، كذلك احتمال نكس العمل الجراحي وهو احتمال نادر إذا أُجري بأيدٍ خبيرة.

نصائح ما بعد الجراحة:

- طعام طبيعي كما كان قبل العمل الجراحي.

- قد يشــعر الطفل بقليل من الألم لذلك ينصح بإعطائه بعض المسكّنات اللطيفة.

- يمنع من ركوب الدراجة 3 أسابيع بعد الجراحة.

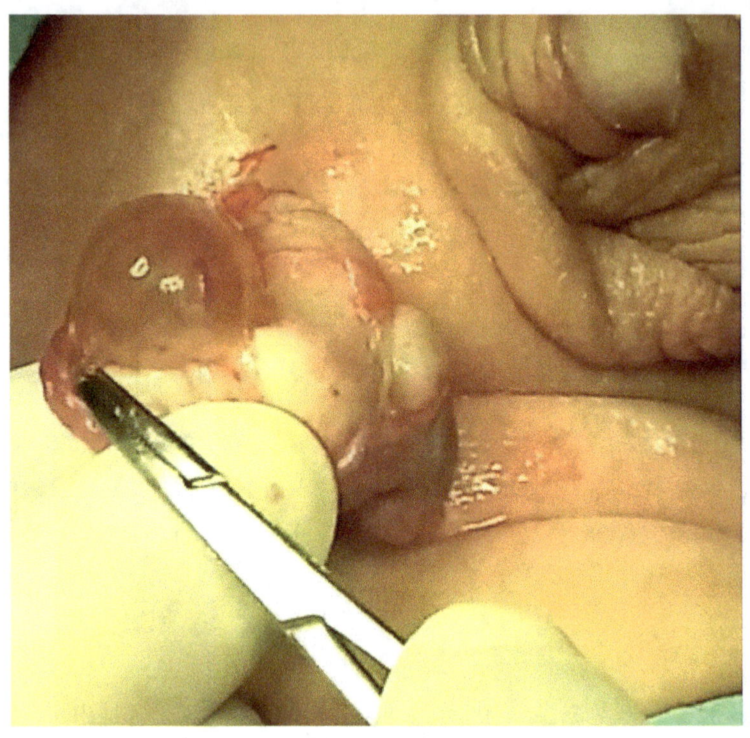

- يمنـــع الطفـــل من الجـــري أو اللعب العنيف مع أطفال آخرين لمدة 3 أسابيع.

- إذا ارتفعت حرارة الطفل بشـــكل غير طبيعي بعد اليوم الثالث من الجراحة يجب الاتصال بالطبيب فورًا.

الفتق السري أو فتق السرّة

إن بـروز الســرّة إلـى الخارج لدى كثيريــن من الأطفال عند البكاء هي علامة كلاســيكية على فتق الســرّة (Umbilical hernia)، وهـي حالة شــائعة جدًّا عند حديثي الولادة، وحتى حوالـى الأربع سنوات، لكنها ليست خطيرة في معظم الحالات، لأن هذا النوع من الفتق من الصعب أن يختنق.

يحدث الفتق السري عندما يبرز، أو ينتفخ، جزء من الأمعاء من خلال منطقة ضعيفة في عضلة البطن في منطقة السرّة تحديدًا، والفتاق الســري كما ذكرنا هو حالة شــائعة جدًّا بين الأطفال الرضّع، لكنه موجود أيضًا لدى البالغين.

في معظم الحالات، يغلق فتق الســرّة من تلقاء نفســه حتى ســن الســنة، إلا أن الشــفاء يحتاج إلى فترة أطول في نحو 10% مــن الحــالات. ففي الحــالات التي لا يختفي فيها فتق السرّة تلقائيًا حتى ســن 4 سنوات، أو عندما يظهر في ســنٍّ متقدّمةٍ، فمن الضروري تصحيحه بواســطة عملية جراحية، لمنع حدوث مضاعفات وخاصة عند الفتيات.

أعراض الفتق السري:

يحدث الفتق انتفاخًا طفيفًا، أو نتوءًا ليّنًا بالقرب من السرّة. ويتراوح قطر النتوء، عادة، بين سنتيمتر واحد وخمسة سنتيمترات.

ومن الممكن مشاهدة الفتاق السري عند الرضّع أثناء البكاء أو السّعال أو بذل مجهود بسيط. وقد يختفي النتوء عندما يهدأ الطفل ويكفّ عن البكاء، عندها يخفّ الضغط داخل جوف البطن، أو عندما يستلقي على ظهره.

ولا يسبّب الفتق ألمًا عند الأطفال عادةً، ولكن أحيانًا منظر الانتفاخ يجعل الأهل في حالة استنفار دائمة. أما الفتق السري الذي يظهر لدى البالغين فقد يسبّب شعورًا بعدم الارتياح في البطن.

أسباب وعوامل خطر الفتق السري:

غير محدّدة بشكل دقيق، لكن من المعتقد أنه خلال فترة الحمل، يمر الحبل السري (Umbilical cord) من خلال فتحة صغيرة في عضلة بطن الطفل. وتنغلق هذه الفتحة، عادةً، قبل الولادة. لكن عندما لا تلتقي (تلتحم) العضلات بشكل تام وكامل في خط الوسط، تنشأ منطقة ضعيفة في جدار البطن،

يمكن أن تسبّب الفتق السري عند الولادة، أو في وقت لاحق من الحياة. وقد يرجع ذلك لوجود عيب خلقي في تكوين جدار البطن في منطقة السرة، كذلك قد يعزى لوجود جينات وراثية. أما عند البالغين، فقد يؤدي الضغط الشديد في منطقة البطن إلى الفتاق السري وأسباب مختلفة تمامًا عن الأطفال.

وإجمالًا، يشكّل الفتق حالة شائعة جدًّا بين الأطفال، وخاصة الخدج، وبين الرضع منخفضي الوزن عند الولادة. وقد يحدث الفتق السري لدى الفتيان والفتيات، على حد سواء. أما في الولايات المتحدة فقد لوحظ وجوده عند العرق الأسود أكثر من غيرهم.

التشخيص:

يمكن تشخيص الفتق بواسطة الفحص الجسدي للطفل. وللتحقّق من عدم وجود مضاعفات، من الضروري إجراء بعض الفحوص المتمّمة، أي فحص دم أو فحوص تصوير، مثل التصوير الصوتي (Ultrasound) للبطن، وذلك للتأكّد أن جميع أعضاء جوف البطن هي طبيعية ولا يوجد أية تشوّهات ولادية مرافقة، كذلك تفيد لما قبل الجراحة.

في معظم الحالات، ينغلق فتق السرة تلقائيًا حتى سن سنة واحدة إلى سنتين. وفي بعض الحالات، يمكن أن يقوم الطبيب

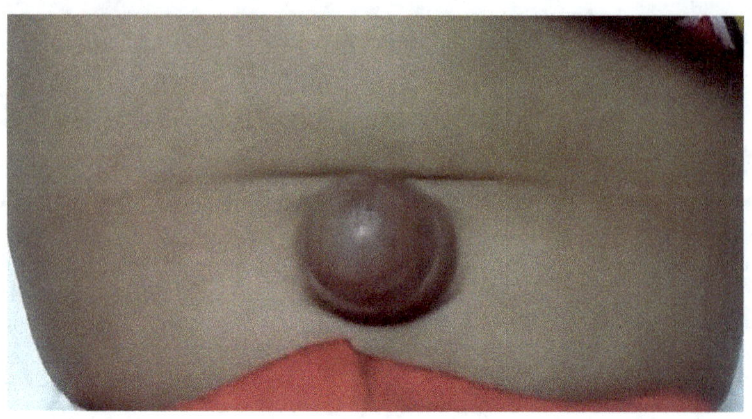

بدفــع النتــوء وإعادته إلى داخل البطن بسـهولة خلال الفحص الجسدي. ويقوم بتعليم الأهل القيام بذلك إذا اقتضت الضرورة، كذلك يجب تنبيه الأهل إلى الأخطاء الشائعة والمتناقلة من جيل إلـى جيل كوضع قطعة نقــود معدنية على فتحة الفتق وضغطها بواسـطة قطعة قماش، لما لذلك مــن خطر تجمّع الجراثيم في المنطقــة، وبالتالي تــؤدي إلى الالتهاب الحتمي أو قد تسبّب التحسّــس لجلد السـرّة، والخطر الأكبر هو عند وضع القطعة المعدنيــة إذ قد نضغط جزءًا من الأمعــاء الخارجة ضمن فتحة الفتــق، وبالتالي التسـبّب باختناق الفتق. كذلــك يُمنع منعًا باتًّا استعمال الحزام الذي يوضع على السـرّة، كما يمنع وضع قطعة النقود على السـرّة، لما لذلك من خطر اختناق الفتق وانضغاطه تحت الحزام أو التسبب بالتهاب في منطقة السرّة، والطفل بغنى عنها.

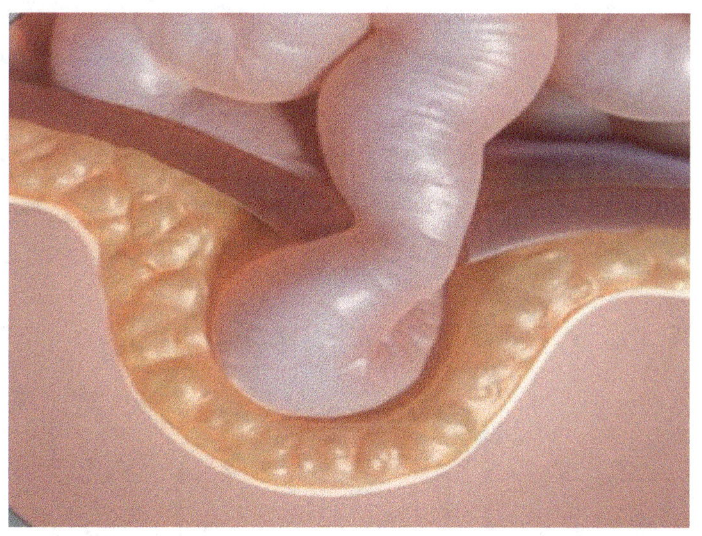

المضاعفات:

مضاعفات الفتق السري عند الأطفال نادرة جدًّا. فقد تبقى أنسجة البطن محصورة في الخارج وتفشل في الاندفاع، مجدّدًا، إلى داخل تجويف البطن، وهذا مرتبط بحجم فتحة الفتق. ونتيجة لذلك ينحصر الجزء من الأمعاء الخارج من الفتحة، ما يؤدي إلى انخفاض تزويد الدم إلى الجزء المحصور، وهذا قد يسبّب ألمًا في السرّة وضررًا للأنسجة، وهذا ما يدعى بالفتق المختنق.

ولا بد لنا أن نشير إلى أن انحصار الأنسجة وانسداد الأمعاء هو الأكثر شـــيوعًا عند البالغين، وغالبًا ما تستدعي إجراء عملية جراحية عاجلة للفتق، من أجل معالجة هذه المضاعفات.

علاج الفتق:

إعطــاء المجــال للطفل لعمر حوالى الثلاث ســنوات لكي يشــفى تلقائيًا، واذا لم يحدث ذلك عندها يتم اللجوء إلى إجراء الجراحة للأطفال، في الحالات الآتية:

- أن يسبب الألم المستمر للطفل والتململ، أو في الإقياءات والإزعاج المستمر.

- أن يكون فتق الســرة كبيرًا، وحجم فتحة الفتق كبيرًا، أي ما يزيد عن 2 سم.

- ازدياد حجم الفتق بعد سن عام أو عامين.

- عدم اختفاء الفتق بعد سن الرابعة.

- انحصار النتوء أو تسبّبه في انسداد الأمعاء، وبشكل عام يفضّــل إجراء الجراحة عند الإناث إذا ما وجد بعد عمر الثلاث إلــى أربع ســنوات، لما لذلك من أهميــة عندهن، وخاصة بعد الزواج وفي فترة الحمل.

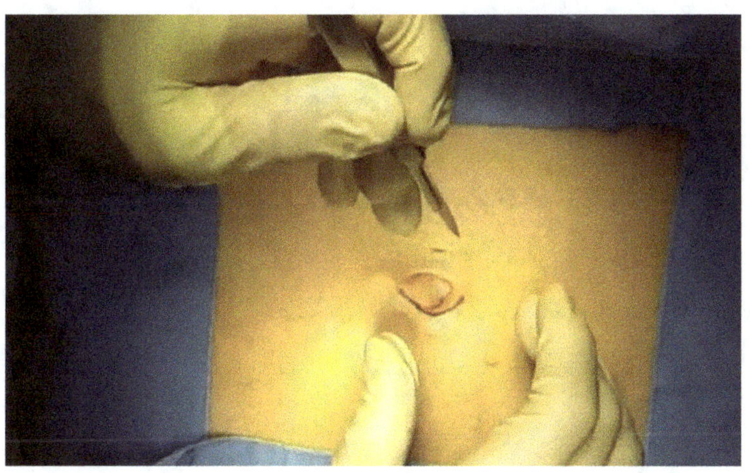

إن جراحة الفتق هي من العمليات البسيطة، وتسمى جراحة اليوم الواحد؛ حيث يغادر الطفل المشفى في اليوم نفسه، ولكن في حالات نادرة قد يبقى إلى اليوم الذي يليه.

يتـم العمل الجراحي عن طريق فتح شـــق صغير في قاعدة السرة على شكل هلال حيث يتم إدخال الأمعاء إلى مكانها، ثم تصحيح وتقوية النقطة الضعيفة ثم خياطة الشق وإغلاقه.

اختلاطات الجراحة:

الاختلاطات هي نادرة، ولكن نذكر منها الالتهاب في مكان الجرح، وأن ينكس الفتق أو يشمل أثناء إغلاق الفتحة أو خياطة الشق وشمل جزء من الأمعاء في هذه الخياطة، ما يؤدي إلى تأذي الأمعاء، وقد يقود ذلك إلى انســـدادها، وهو اختلاط نادر خاصة إذا أجريت الجراحة يأيد خبيرة.

الخصية الهاجرة Cryptorchidism

إن الخصيــة يمكــن أن توقــف هجرتها فـي أي مكــان من مسـيرها الطبيعي بين الناحية الكلويــة والصفن (نقصد بالصفن الكيس الذي توجد الخصية بداخله)، فقد تبقى في البطن أو في الناحيــة الإربية أعلى الفخذ، وعنــد تحفيز الخصية تتراجع إلى داخل النفق الإربي.

وتشــاهد هذه الحالة بنسـبة 30٪ عند الخدج، وحوالى 4٪ عند حديثي الولادة، أما في عمر السنة فإن النسبة هي حوالى 1٪.

أما من الناحية الوراثية؛ فمن الملاحظ أن النسبة هي حوالى 2-4٪ عند الأطفال من آباء كان عندهم هذا المرض، وأن نسـبة إصابة الإخوة تصل إلى 7٪.

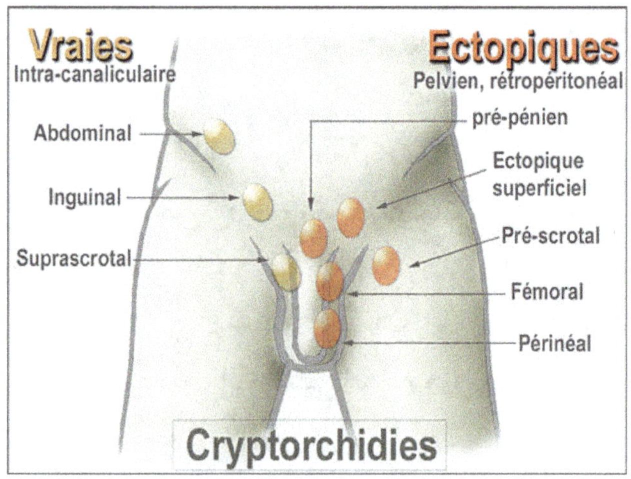

في معظم الحالات، تتم الخصى هجرتها نحو الصفن خلال أسابيع معدودة بعد الولادة، من دون أية مداخلة، والجدير ذكره أن الهبوط في أعمار متأخرة لا يجدي نفعًا من الناحية الوظيفية، لأنه في هذه الحالة تفقد الخصيـــة وظيفتها المولدة للنطف إذا بقيت مكانها بعد عمر معيّن، حيث إن قسـمًا منهم يبقى مصابًا بهذا العيب حتى سـن البلوغ، هذا طبعًا إذا لم يعالج خلال هذه الفترة، كذلك هناك دراسات تشير إلى حالات تسرطن.

أما إذا سألنا عن الأسباب التي تمنع الخصية من الهجرة الطبيعية فهي غير واضحة تمامًا، ولكن هناك عدد من العوامل المجتمعة التي تؤدي دورًا في توقف الهجرة منها:

- غياب أو سوء تشكل رسن الخصية.

- عدم حساسية واستجابة الخصية للحاثات النخامية، مؤيدو هذه النظرية يعتمدون على أن حدوث الهجرة من جانب واحد، كذلك بقاء المصابين بنقص الهجرة عقيمين رغم المعالجات.

- نقص كمية الحاثات المشـيمية الوالدية، حيث إنه يجب أن تزداد بصورة مضطردة في الأسبوعين الأخيرين من الحمل.

- اضطرابات تشـريحية مثل قصر الحبـل المنوي، وعدم

توافق القناة الإربية مع الخصية، أي ضيق القناة في أحد الأماكن، ما يمنع الخصية من متابعة سيرها.

أمــا مــن الناحية التشـريحية المرضية، فــإن الأنابيب تبدأ بالتمايز والتحول من حبال إلى أنابيب في حوالى سن الخامسة، وهنــاك دراسـات على الخزعة المأخوذة من الخصية في ســن متأخرة تبيّن أن هناك ضمورًا في الخلايا المنوية بسبب تعرضها لحرارة مختلفة عن حرارة الصفن لمدة طويلة، حيث إن الحرارة مختلفة ما بين جوف البطن والصفن، أما خلايا «لايدك» فلا تتأثر بالحرارة، لذلك نلاحظ أن المصابين بهذا المرض يشــكون من العقم، ولكن غير مصابين بالعنانة.

أعراض عدم هجرة الخصية :

هنــاك خصية هاجرة ملموسـة، أي نستطيع عند الفحص السريري أن نحدد موقعها بشكل دقيق.

وهناك الخصية القافزة أو النطاطة، وهي خصية نازلة تتحرك بسـهولة للخلف والأمام بين كيس الصفـن والقناة الإربية، ولا يـؤدي هذا النوع إلى التسـرطن، وهناك الخصيـة الهاجرة غير الملموسـة أي التـي قد يكون تموضعها داخـل البطن، وهناك الخصيــة الهاجـرة الضامرة. وفي الحالتيــن الأخيرتين نلجأ إلى الســونوغرام أو الإيكو لتحديد موقعهـا وحجمها، وما إذا كان

متناسبًا مع عمر الطفل، وهذا أمر مهم للجراح. في الوقت نفسه يمكـن ملاحظـة غياب خصية واحـدة أو الاثنتين معًا من كيس الصفـن، وأحيانًا قد يتعـرّض الطفل لألـم أو انفتال إذا كانت الخصية سـطحية ومعرضة للرضـوض، كذلك ملاحظة ضمور كيس الصفن من جانب، وأحيانًا من الجانبين يكون مؤشّرًا لخلوّ الكيس من البيضة.

المضاعفات:

المعضلة الأهم هي العقم ومشكلات الخصوبة، لا سيما إذا كانت الخصيتان هاجرتين خارج الصفن، وتأخر العلاج يقود إلى ضمور الخصيتين أو إتلافهما نتيجة التفاوت في درجات الحرارة مـا بين الصفن وموقع الخصية خارجه. التواء الخصية أيضًا من المضاعفات الموجودة، كذلك في بعض الحالات تكون مترافقة مـع فتـق إربي، أو مع بعض التشـوهات الولادية. وعلينا أن لا ننسـى التوتر والمشاكل النفسـية المرافقة، هناك دراسات تشير إلى حالات تسرطن الخصية إذا بقيت لفترة ما بعد البلوغ داخل جوف البطن.

العلاج:

هو طبعًـا جراحيّ، حيث يجري إنزال الخصية إلى الصفن وتثبيتهـا، ولكن من الجدير ذكـره أن الجرّاح قد يصادف بعض

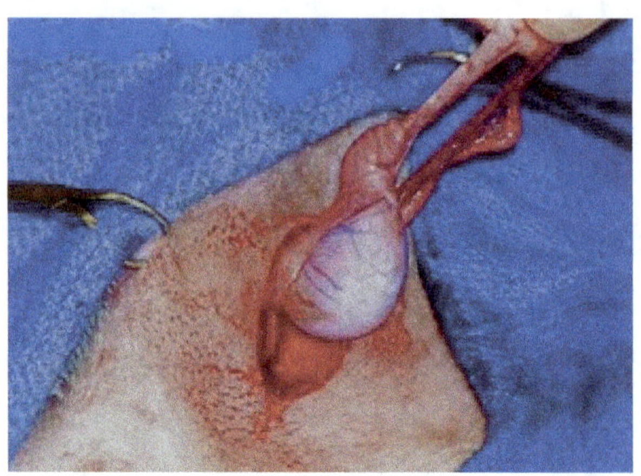

الصعوبـــات خلال العملية في حــال كان الحبل المنوي قصيرًا، لذلك يجب تجنّب الشدّ كثيرًا لأنه يسبّب انقطاع التروية الدموية عـن الخصية، والتأكّد أن التروية الدموية طبيعية، كذلك التأكّد من ســلامة الحبل المنوي لأهميته القصوى وتجنّب مضاعفات نحن بغنى عنها.

أما من ناحية العمر المناســب لإجراء الجراحة، قديمًا كان يتـرك الطفل حتى حوالى الخمس سنوات، ولكن الدراسـات الحديثـة أثبتـت أنه يجب إجراء الجراحة بحوالى عمر السـنة، والجراحـة تتطلّـب إجمالًا تخديرًا كليًا بالإضافة إلى أن ندبة الجـرح تـكاد لا ترى بعد فترة، ومن ثم يستطيع الطفل العودة إلى المنزل بعد انتهاء الجراحة، وسـوف يشعر بتحسن حالته في الأيـام الأولـى، ويجب التنبيه أنه في الايام الأولى بعد الجراحة

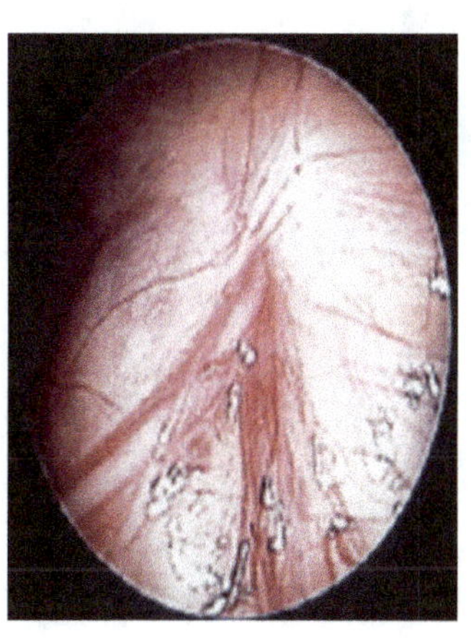

قـد يحـدث تـوذم بالخصية لا يلبـث أن يزول. يجـب مراعاة الاعتناء الخاص بالجرح لتجنّب الالتهاب وإعطاء الطفل المسكن المناسـب في حالة الألم وعدم السـماح له باسـتعمال الدراجة والركـض والرياضة العنيفة لمدة أربعة أسابيع. والسؤال المطروح هو:هـل سيسـتمتع الطفل بعد الجراحة بوظائف طبيعية في المستقبل؟

إن احتمالية الخصوبة والوظائـف الجنسـية الطبيعية مرتفعة جـدًا بعد الجراحة، ولكن فـي بعض الحالات النادرة إذا كانت الخصية غير طبيعية فلن تنمو بالشكل المطلوب، وهذا من شأنه أن يؤثر على الطفل مستقبلًا، لذلك ننصح الأهل بالمواظبة على زيـارة الطبيب في مراحل الطفولة الأولى، وذلك لضمان صحة وسلامة الطفل.

أما من ناحية العلاجات الدوائية: فهنالك تضارب بشـأنها، حيث يسـتعمل «الاتش سي جي» إبرًا بالعضل في عمر السنتين لإنزال الخصية، ولكن هناك نظريات عن تأثّر الخصية السليمة سلبًا، ولكن يبقى العلاج الجراحي هو الأسلم والافضل.

التهاب الزائدة الحادّ
Acute Appendicitis

التهاب الزائدة:

الزائدة تكون على شكل أنبوب صغير يشبه الإصبع يقع عند التقاء الأمعاء الدقيقة مع الأمعاء الغليظة، وما يحدث هو التهاب يصيب هذه المنطقة التي تدعى المصران الأعور، وهو ناتج عن انسداد بالبراز أو أجسام أجنبية كالبزورات، أو أحيانًا نتيجة دخول بعض الديدان المعوية إلى لمعة الزائدة، حيث إن هذا الالتهاب يعدّ حالة إسعافية تتطلّب التدخّل الجراحيّ، وذلك لمنع تفاقم الحالة والوصول إلى تشكل الفلغمون، ومن ثم تمزّق وانفجار الزائدة، ثم الوصول إلى التهاب البريطوان القيحي المعمم.

ويـؤدي التمزّق إلى انتشـار العدوى فـي البطن (التهاب الصفاق). وتحتاج الحالة المذكورة، التي قد تمثل تهديدًا للحياة، إلى جراحة فورية لاستئصال الزائدة وتنظيف تجويف البطن. فرصـة الإصابة عند الذكور حوالـى 12٪، أما عند الإناث 24٪، نادرًا ما يشـاهد التهاب الزائدة في عمر أقل من ثلاث سنوات، أما العمر الأكثر تعرّضًا للإصابة ما بين 10-18 سنة.

هل للزائدة فوائد؟

لقــد كان يُعتقد أن الزائدة هي مكان يعيش فيه بعض أنواع البكتيريا، ولكن هنــاك نظرية هي الصائبــة علــى الأغلب بأن للزائدة فوائد مرتبطة بجهــاز المناعة وخاصة عنــد الأطفــال، وذلك لأنها تحتوي على نسيج

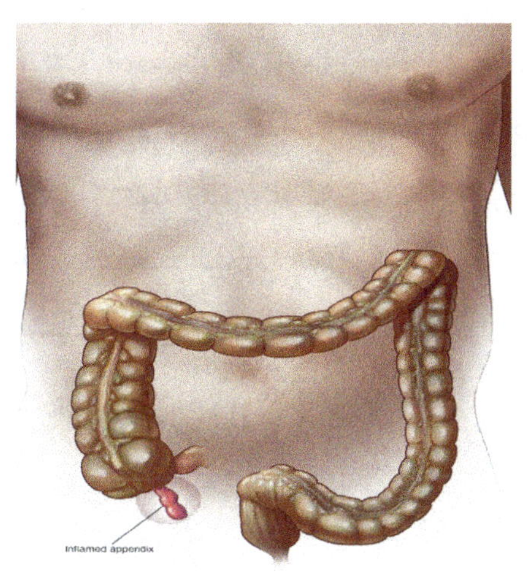

لمفــاوي له وظيفة مناعية. ورغم ذلك، فإن اســتئصالها لا يؤثر على الوظيفة المناعية إطلاقًا. وهناك بعض الدراسات التي تشير إلى إمكانية الاســتفادة منها بشكل إيجابي في بعض الجراحات البولية.

أسباب التهاب الزائدة:

قــد تكون ناتجة عن الأجســام الأجنبية التي يبتلعها الطفل كقشــور البذور أو بذور العنب أو حتى ديدان معوية، وقد تكون نتيجــة الحجــارة البرازيــة Coprolites التي تدخــل إلى لمعة الزائدة مسببة انسدادها، وعندما يتفاقم الانسداد تصبح الزائدة

منتفخة ومليئة بالقيح، وأحيانًا ما تكون بسبب البكتيريا الموجودة وانســداد نقطة التقائها مع المصــران الأعور، وهذا يؤدي حتمًا إلى الالتهاب، وهنالك حقائق ونظريات أخرى مختلفة لأسباب الالتهـاب، منها ما هو صحيح ومنها ما هو افتراضات غير مثبتة بشكل دقيق.

الأعراض السريرية :

العمر الأصعب في فهم الأعراض للوصول إلى التشخيص هو ما بين عمر 4-7 سنوات، لأن الطفل أحيانًا لا يعبّر عن الألم. وفي أغلب الأحيان يلجأ إلى البكاء للتعبير، وفي الوقت نفســه ينكر وجود الألم. لذلك أحيانًا يلجأ الجرّاح إلى ملاحظة تعابير الألــم التي تظهر على وجــه الطفل عند جسّ البطن. وبالإضافة للبكاء، قد يصاب بعدم النوم ورفع الساقين أقرب ما يمكن إلى الصدر في محاولة إيجاد وضعية يكون فيها الألم محتملًا.

أما الأعراض بشــكل عام فيبدأ الألم فيها في منطقة السرّة، ثــم يتحرّك إلى الربع السـفلي الأيمن مــن البطن، وخاصة في نقطة محدّدة تدعى نقطة ماك بورني، ويصبح الألم حادًا بغضون 12-18 ساعة، وخاصة عند التحرّك أو التنفّس بعمق أو السّعال، ويكون مترافقًا مع الغثيان والإقياء ونقص الشــهية مع ارتفاع في الحرارة حوالى 38,5، وقد يحدث إسهال أو إمساك مع انتفاخ في

البطن، وأحيانًا يلاحظ جفاف الفم مع عطش. كذلك قد يختلف الألم حسب وضعية الزائدة بالنسبة إلى الأعور، فإذا كانت الزائدة خلف الأعور؛ فإن الألم يتركّز في منطقة فوق العانة.

وكما ذكرنا أن الألم في التهاب الزائدة مميز، حيث يشير المريض إلى نقطة محدّدة يتركّز فيها الألم، ألا وهي نقطة ماك بورني. كذلك الشعور بألم يتفاقم عند السّعال أو المشي أو القيام بحركات مفاجئة، وهناك ملاحظة شديدة الأهمية لا بد من ذكرها، وهي التنبيه من عدم إعطاء المسكنات للمريض قبل التأكّد من التشخيص مئة بالمئة، وذلك لأن الألم يتحسّن ظاهريًا بأخذ المسكنات، ولكن عمليًا فإن الالتهاب مستمر، كذلك عدم إعطاء الحقن الشرجية إذا كان هناك إمساك مرافق.

التشخيص:

نستند في تشخيص التهاب الزائدة بالدرجة الأولى إلى الأعراض والفحص السريري، حيث يبدأ التشخيص بفحص بدني لتقييم الألم. وقد يضغط الطبيب ضغطًا خفيفًا على المنطقة التي يشير إليها الطفل. وعندما يتم تحرير الضغط بشكل مفاجئ، سينتفض الطفل ويشعر بزيادة الألم، وهذا على الأغلب إشارة إلى أن الصفاق المجاور ملتهب.

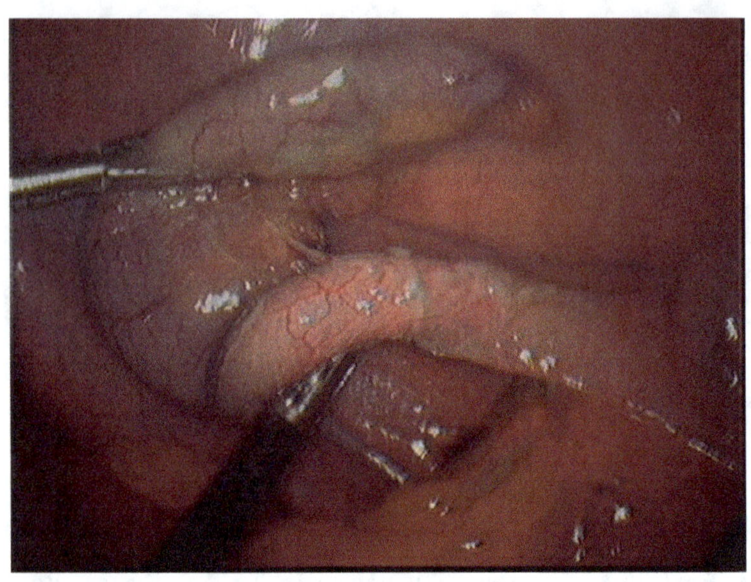

وقد يبحث الطبيب أيضًا عن المناطق المتيبّسة في البطن والمناطق التي تميل عضلات البطن فيها إلى التصلّب استجابة للضغـط على الزائـدة الملتهبة (مُنْعَكَـسُ الدِّفـاعِ العَضَلِيّ)، فالأعراض السريرية تؤدي دورًا مهمًا في التشخيص، حيث إننا قد نصادف أحيانًا مريضًا يعاني من التهاب الزائدة، ولكن الفحوص المخبريـة عنده شـبه طبيعية، وهذا ليس معنـاه أن الفحوصات المخبرية ليسـت ضروريـة، بل على العكـس، فبالإضافة إلى الفحوصات السـريرية، هناك الفحوصات المخبرية التي تشمل ارتفاع عدد الكريات البيضاء مع انحراف نحو الأيسـر، ويجب إجـراء فحـص البول وبعـض الفحوصات المتمّمـة، الصورة

الشـعاعية للبطن، كذلك الصورة الصوتية أو ألترا ساوند وأحيانًا السيتي سكان.

ولا بد من الإشـارة إلى أن نسبة الشك الطبي 20–25٪ من الحالات التي تعالج بالجراحة – نكتشـف أنه لا وجود لالتهاب الزائدة، وهو رقم لا يحاسـب الطبيب المعالج عليه، لأن تأجيل الجراحة في حالة الشـك له سـيئات واختلاطات قد تهدّد حياة المريض وتعرّضه للخطر، خاصة إذا كان طفلًا.

العلاج دائمًا جراحيّ:

– الطريقـة الأولى الجراحـة التقليدية أو المفتوحة. بعض الجراحين يفضلونها عنـد الأطفال وتجرى بالبنج العام، وطبعًا بعد البدء بإعطاء سـائل وريدي ووضع أنبوب أنفي معدي يقوم الجراح بإجراء شق معترض في نقطة ماك بورني ويقوم باستئصال الزائدة الملتهبة.

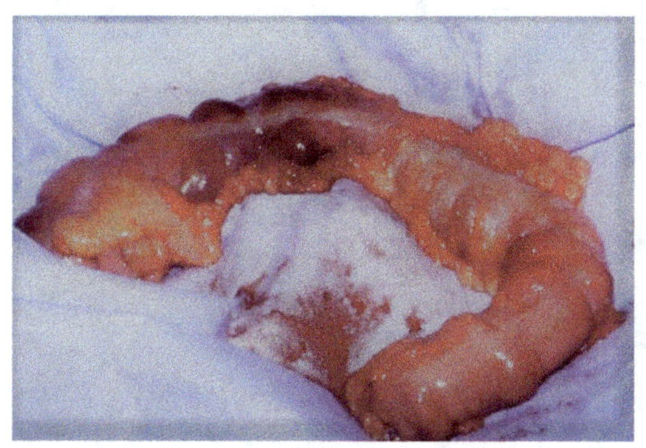

وبعدها يقوم بتنظيـف جوف البطـن وغسـله بالمصل الملحي بعد أخذ عينة من المحتوى، ويقوم

بإرساله مع الزائدة المستأصلة إلى التشريح المرضي لتحديد الجراثيم المسبّبة للالتهاب، وإعطاء المضاد الحيوي المناسب، ثـم يقوم بإرقاء النـزف وإقفال الجرح. أما إذا كان هناك التهاب باريتوان نتيجة انفجار الزائدة يوضع مفجر بطني عبارة عن أنبوب ممتد من منطقة دوغلاس داخل جوف البطن حيث يتجمع القيح والسـوائل ليسـاعد على إخراج القيح المتبقي في جوف البطن إلى خارجه.

الطريقـة الثانية بالمنظار، وتُجرى أيضًا بالبنج العام، ويقوم الجرّاح بإجراء فتحة صغيرة لا تتجاوز 0,5 سم في منطقة السرّة، كذلك عدة شقوق مماثلة في جدار البطن، وذلك لإدخال المنظار

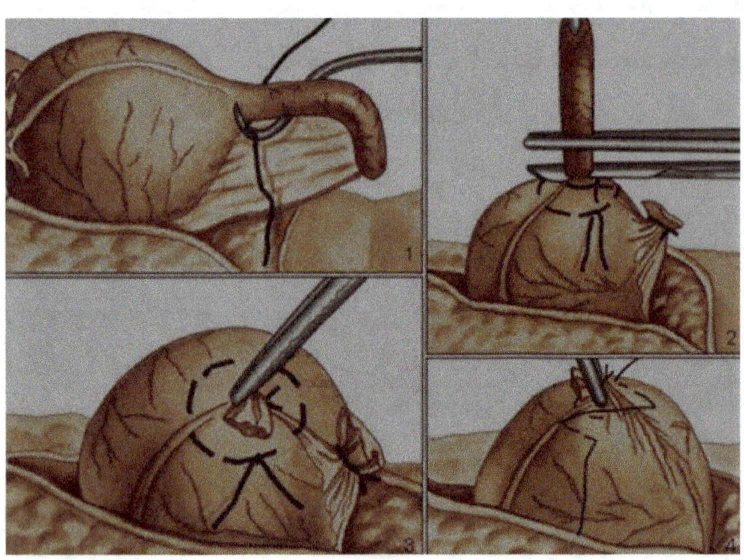

والأدوات الجراحيــة، ومن ثم يحقن غاز CO_2 لتسهيل الرؤية، ويسترشـد الجرّاح أثناء العملية بمنظار البطن الذي يثبت صورة الأعضاء الداخلية على شاشـة العرض، ومن ثم يستأصل الزائدة ويقفـل الفتحات، وتكـون جراحة المنظـار مترافقة مع إعطاء المضادات الحيوية والسـوائل الوريدية الضرورية، بالإضافة إلى بعض المسكّنات عند الحاجة، وطبعًا بعد استئصال الزائدة يقوم الجرّاح بإرسـالها إلى قسم التشـريح المرضي لمحاولة معرفة سـبب الالتهاب ونوعه. لا يُقدّم طعام أو شراب في اليوم الأول للجراحــة، أما في اليـوم الثاني فيبدأ بإعطاء المريض القليل من رشفات الماء التي تزاد تدريجيًّا للتأكّد من ان المريض لا يوجد عنده إقياء. وإن وجد نعود لنمنع السائل لفترة، ثم نبدأ بتجريبها من جديد حتى الوصول إلى مرحلة يتقبّل فيها المريض بشكل جيد حتى الوصـول إلى مرحلة إعطاء الأطعمة العادية، وبعدها يرسل الطفل إلى المنزل.

المضاعفات:

المضاعفـات قليلة الحدوث، لكن أكثرها شـيوعًا التهاب الجرح، وحدوث خرّاج تحت الجلد، وهو الأكثر مصادفة، وقد يحـدث خرّاج في جوف البطـن نتيجة لبقايا الالتهابات التي قد تنتشر في البطن، أما المضاعفات المتأخرة فهي الالتصاقات التي قد تسبّب انسداد الأمعاء، وقد تحدث حتى بعد حوالى السنة.

نصائح ما بعد العمل الجراحيّ:

- **تجنُّب الحركة المرهقة في البداية**، إذا كان قد تم استئصال زائدة طفلك بالمنظار، يجب التقليل من نشاطه لمدة تتراوح بين ثلاثة وخمسة أيام. أما إذا كان استئصال الزائدة عن طريق الجراحة المفتوحة، فقلّلْ من نشاط الطفل لمدة تتراوح بين 10 و14 يومًا. واسألْ طبيبك دائمًا عن معوقات نشاطه ومتى يمكنه استئناف أنشطته العادية بعد العملية.

- **علّمْ طفلك أن يسند بطنه حين السعال**، ضع وسادة على بطنه واضغط بلطف قبل السعال.

- **اتّصلْ بالطبيب إذا لم تكن مسكّنات الألم تساعد طفلك أو إذا كان لديه حرارة عالية، خاصة بعد اليوم الثالث للجراحة.**

- الألم يضع مزيدًا من الضغط على الجسد، ويبطئ من عملية الشفاء. إذا كان لا يزال يتألم رغم تناول مسكنات الألم، فاتّصلْ بالطبيب.

- **شجّعْ طفلك على الحركة**، قمْ وساعدْهُ على الحركة حين يصبح مستعدًّا. ابدأ ببطءٍ وزدْ من نشاطه حين يشعر أنه أصبح مستعدًا لذلك.

- **دعْه ينمْ حين يشعر بالتعب،** بينما يتعافى جسده قد يشعر بأنه بحاجة للنوم أكثر من المعتاد، خذِ الأمور ببساطة ودعْهُ يرتح قليلًا.

- **ناقشْ عودة طفلك إلى الدراسة مع طبيبك،** يمكنه العودة للدراسة حين يشعر بالقدرة على ذلك، ويمكن للأطفال العودة للمدرسة بعد مرور أقل من أسبوع على إجراء الجراحة، ويجب عليهم الانتظار من أسبوعين لأربعة أسابيع قبل استئناف أنشطتهم العنيفة، مثل فصول التربية الرياضية أو الرياضة.

الوقاية :

لا توجد وقاية معينة، ولكن هناك دراسات تشير إلى أن الحمية الغذائية المحتوية على ألياف قد تقلّل من حدوث مضاعفات.

الاعتناء بالحبل السرّي والنزّ من السرّة عند الأطفال

في البداية علينا معرفة الأمور الأساسية عن الحبل السري الــذي هو الجسـر الذي يربط ما بيــن الأم ووليدها، حيث عبره يتأمن الغذاء الضروري للجنين من خلال الدم الواصل إلى الأم بواسـطة الأوعية الدموية التي تحتوي على شريانين ووريد تنقل التغذية إلى الجنين، ومن ثم الفضلات إلى الأم.

عند الولادة يقوم الطبيب بقطع هذا الحبل مباشـرة وذلك على بعد حوالى 2,5 سـم من منشـأ الحبل وبعد قطعه تضغط الأوعية الدموية بواسـطة ملقط خــاص معقم، ويجـب مراقبة النــزف وذلك على الأقل لمدة ست سـاعات بعـد القطـع

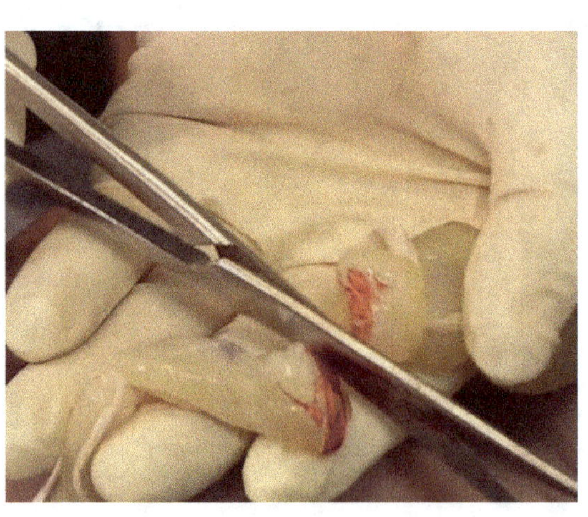

للتأكّـد من عدم وجوده، وفي حـال اسـتمر النزف التأكّد من أن الملقط يضغط بشـكل تام، وإذا اسـتمر أكثر عندها يمكن البدء بالبحث عن نقص عوامل التخثر أو نقص الفيتامين كاف أو غيره من الأسباب. إن سقوط الحبل يختلف ما بين طفل وآخر بين 10 – 21 يومًا من الولادة، حيث يميل لونه في البداية إلى الاصفرار، ثم يتحوّل إلى بني رمادي، ثم يميل إلى الأزرق الغامق، وأخيرًا إلى اللون الأسود ومن ثم يسقط.

قد يتأخّر السقوط لأربعة أسابيع، وهذا التأخّر قد يسبّب قلقًا في غير محلّه عند الأهل، ولا بد من الإشارة إلى أن السرّة تتّصل في الحياة الجنينية بالمثانة بمجرى يتليّف فيما بعد، ويسمى العصيب، كذلك تتّصل بجزء من الأمعاء يدعـى الدقاق بواسـطة القنـاة الأمنيوسـية التي تتليّف أيضًا وتترك حبلًا ليفيًا من بقايا تلك القناة.

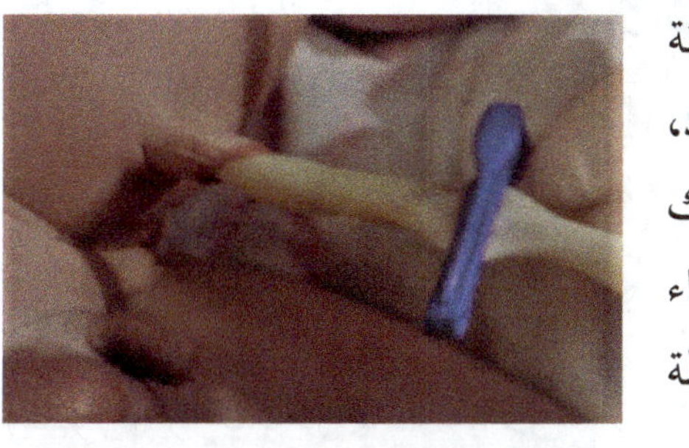

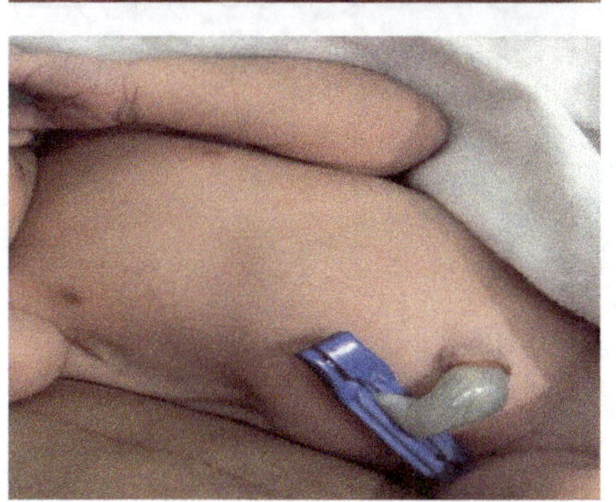

لكـن الذي يحدث أحيانًـا، ولعـدد مـن الأسباب، أن تبقى إحدى

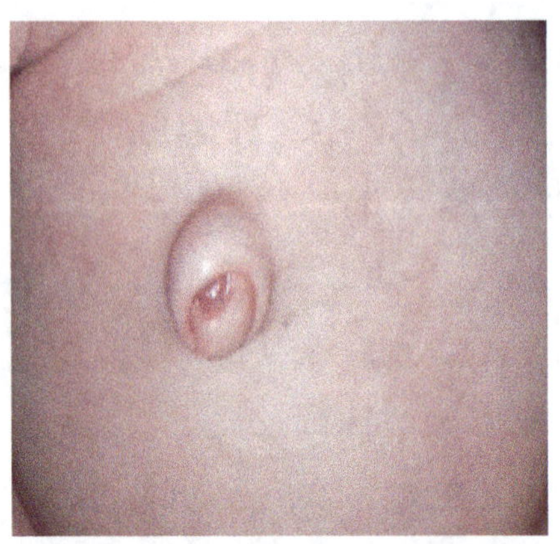

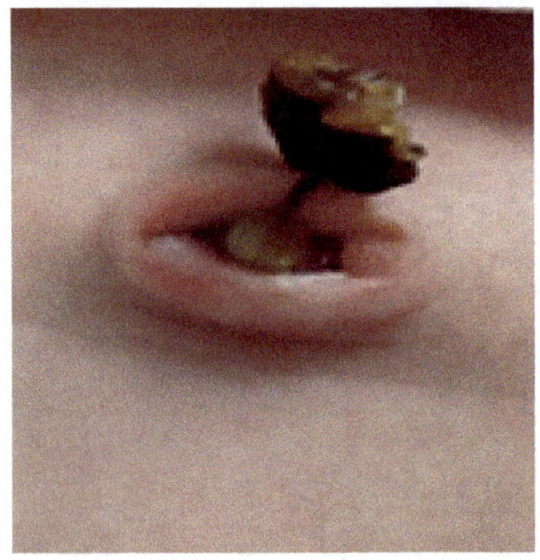

تلك القناتين مفتوحة، ما يؤدي إلى حـدوث النزّ الذي قــد يكـــون بولًا، وفي حالات قليلة برازًا، وأحيانًـا يكون الانغلاق غير كامل، ما يؤدي لتكوّن كيسـات حول السـرّة، ويمكن لهذه الكيسات أن تلتهب وتكوّن خرّاجات تحت السـرّة أو علــى الخط المتوسـط للبطن، ويؤدي بالنتيجة لحدوث نزٌّ سـائل أصفر أو قيحي مترافـق مـع احمـرار وتــورم، وأحيانًا درجات حـرارة مرتفعة نتيجة لما يسبّبه ذلك من الالتهاب للحبل السري.

ومن أكثر مسبّبات هذا النوع من الالتهاب الجراثيم العنقودية والكولونيــة، وقــد يتحوّل هذا الالتهاب إلـــى التهاب مزمن، ما يؤدي إلى تشكل براعم على شكل أورام حبيبية في منطقة السرّة

يتراوح حجمها ما بين حبة العدس وأحيانًا تصل لحجم الجوزة، لها عنق ضيّق أو قاعدة، وغالبًا تكون مترافقة مع حرارة عالية وألم وبكاء مستمر، ويجب تفريقها عن مخاطية الأمعاء الهاجرة التي تنزّ مخاطًا بالإضافة للقيح، وعلاجها التطهير الموضعي بالمطهرات، بالإضافة لمضادات الالتهاب، وأحيانًا نلجأ للكي بواسطة نترات الفضة التي قد تكون كافية، لكن في بعض الأحيان يتطوّر الالتهاب ويؤدي إلى تشكيل خرّاج بطني، وذلك عن طريق الانتقال من الأوعية السرية السطحية، أو ينتشر الالتهاب بالطريق اللمفاوي إلى جدار البطن، ويكون العلاج بالشق والعلاج الجراحي بالدرجة الأولى، ومن ثم الاستئصال الجراحي.

أما إذا كان النزّ بوليًا وليس قيحيًا، فهذا يعني أن قناة العصيب ما زالت مفتوحة ما بين السرة والمثانة، وفي هذه الحالة قد تكون مترافقة لبعض التشوهات الأخرى خاصة في الجهاز البولي، لذلك يجب التأكد من عدم وجود أي تشوهات مرافقة، ومن ثم اللجوء للعمل الجراحي وذلك باستئصال المجرى الموجود وإصلاح أي تشوهات أخرى مرافقة.

أخيرًا، لا بد من ذكر بعض النصائح حول كيفية الاعتناء بالحبل السري وتنظيفه. في الدرجة الأولى المطلوب من الأم عدم الخوف من لمس السرة وتنظيفها وعليها أن تعرف أن تنظيف السرة لا يسبب الألم، وأن عدم تنظيفها يؤدي إلى الالتهاب،

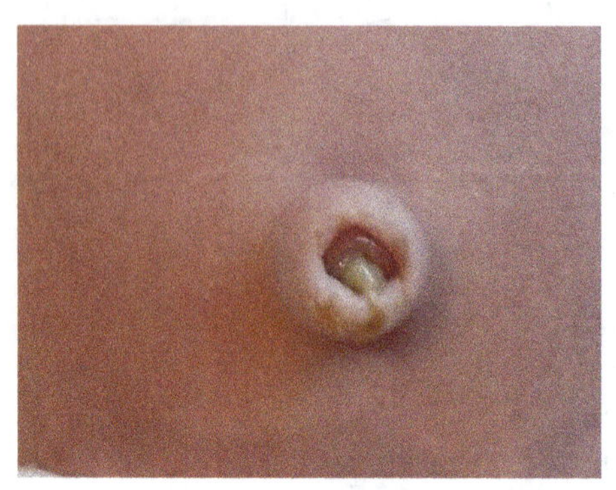

كذلك عليها أن تعرف أنــه يُفضّــل إغــلاق الحفاظ تحت السرة وعــدم رفعــه فوقها، وذلــك لتجنب مخاطر تلوث السـرة، غسـل السرة بالماء والصابون وتنشيفها جيدًا، وبعد ذلك يوضع الكحول المخفف أو البيتادين للمحافظة على النظافة والمساعدة على جفاف المنطقة وتسريع ســقوط الحبل الســري، ويجب تنبيه الأهل إلى عدم شد السرة لأنها ستسقط من تلقاء نفسها، مع التنبيه إلى عدم اللجوء لبعض الوصفات الشعبية كوضع الملح على السرة ولا أية خلطة أو مادة غريبة ظنًّا أنها تساعد بسقوطه، لا بل تزيد من خطر تحسّس الجلد حول السرّة أو إلى التهابات شديدة.

التصاق اللسان أو اللسان المربوط!

يُعدّ التصاق اللسان مشكلة تظهر بعد الولادة، وتحدث حينما تصبح الأنسجة الملاصقة للسان والمتصلة بأسفل الفم قصيرة جدًّا، أو متصلة بمقدمة اللسان، أي على شكل شريط نسيجي قصير ومشدود، وهو ما يدعى أيضًا لجام اللسان، ما يعيق قدرة اللسان على الحركة بحرية.

ويظهر التصاق اللسان في نحو 5- 10٪ من حديثي الولادة، ويصيب الذكور أكثر من الإناث، وهو غير معروف السبب، ولكن قد يكون للعامل الوراثي دور حيث ينتقل من الآباء إلى الأولاد.

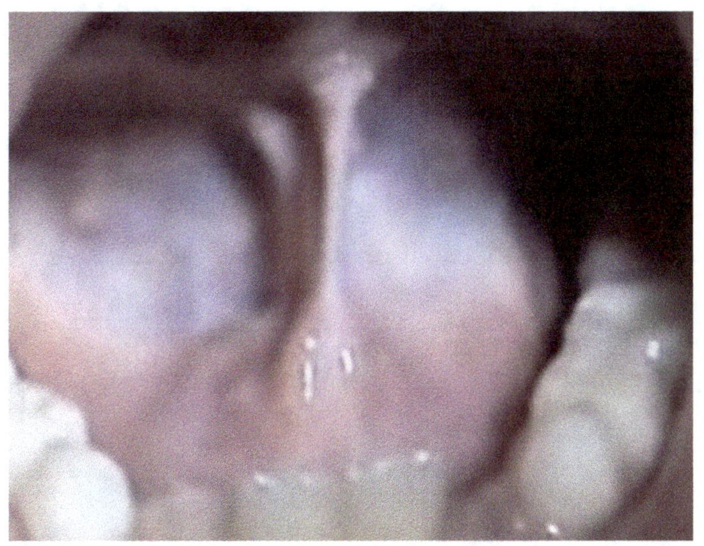

العلامات والأعراض لدى الطفل:

يعانـي الطفل من صعوبـة في عملية المص أثناء الرضاعة، وصعوبة في تحريك اللسـان داخل الفم، ويستبدل عملية المص لصعوبتهـا بالمضغ على حلمة الأم، ما يسبّب الألم عند الأم، وقد يسبب ذلك تشقق الحلمة والتهابها. يظهر اللسان متثلمًا في الوسط على شكل قلب.

كذلك يسمع صوت نقر أثناء الرضاعة ناتج عن سوء عملية مـص الحليب، ويلاحظ عـدم تغيّر في الوزن، كذلك يعاني من الغازات والمغص الناتجة عن ابتلاع الهواء أثناء الرضاعة.

ويشـعر الطفـل بالضيق، فيترك الثدي بعـد مرور أقل من دقيقتين من بدء الرضاعة، ويظهر التعب والتململ لديه.

العلامات والأعراض عند الأم:

تعاني الأم من تشـقـقات في الحلمـة، يكون مترافقًا أحيانًا مع الأم شـديدة وتوذم في قنوات الحليب في الثدي، ما يؤدي إلـى نقص الوارد من الحليب للطفل، وإلى زيادة في الاحتقان، ويؤدي في النهاية إلى التهاب في الثدي، ويدفع لحدوث الفطام المفاجئ.

أنواع التصاق اللسان:

هناك عدة أنواع من التصاق اللسان، أولها الالتصاق التام الذي يشخص فورًا بعد الولادة.

أما باقي الأنواع فيتم اكتشافها في مراحل متأخرة، ومنها:

- نــوع يكون اتصال اللجام إلى طرف اللسـان، وتكون بشــكل عام أمام حافة اللثة الأمامية، ما يؤدي مع النمو إلى تباعد هذه الأسنان عن بعضها.

- وهنــاك نوع يكون الالتصاق حوالى 3- 5 ملم خلف طرف اللسان وخلف اللثة، أو عند حافتها.

- وهناك نوع يكون في منتصف اللسـان مع قاعدة الفم، وهذا النوع هو الأقل مرونة من باقي الأنواع.

- ونوع آخر يكون الجزء السفلي من اللسان شفّافًا ومرنًا.

المشكلات الناتجة عن التصاق اللسان:

مشكلات الرضاعة الطبيعية:

لضمان رضاعة طبيعية فعّالة، يجب أن يكون لسان الرضيع أعلى من اللثة السفلية، ومع حالة التصاق اللسان سيمضغ الرضيع الحلمة بدلًا من مصّ الحليب، ما سيسبّب التهابًا للحلمة، ويتلقى

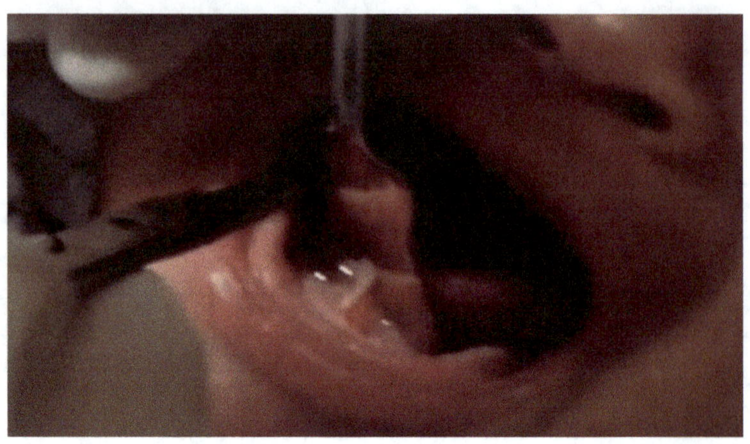

الرضيع كمية قليلة وغير كافية من الحليب، ما سيتسبّب في سوء التغذية للرضيع.

عــدم القدرة على نظافة الفم، لأن مــن الصعب إزالة بقايا الطعام من الأســنان، ما يقود بشكل طبيعي إلى تسوّس الأسنان والتهاب اللثة الناتجة عن عدم القدرة على تنظيف الأسنان بشكل صحيح، وعدم القدرة على نظافة الفم، ما يؤدي إلى وجود فجوة أو مسافة بين اثنين من الأسنان الأمامية السفلية.

أما الطفل المصاب بالتصاق اللسان فيمكن أن يواجه الصعوبات الآتية :

1 - يمكن لالتصاق اللســان التداخــل والتأثير على القدرة على نطق بعض الحروف مثل النون، التاء، الثاء، اللام، الدال، والراء.

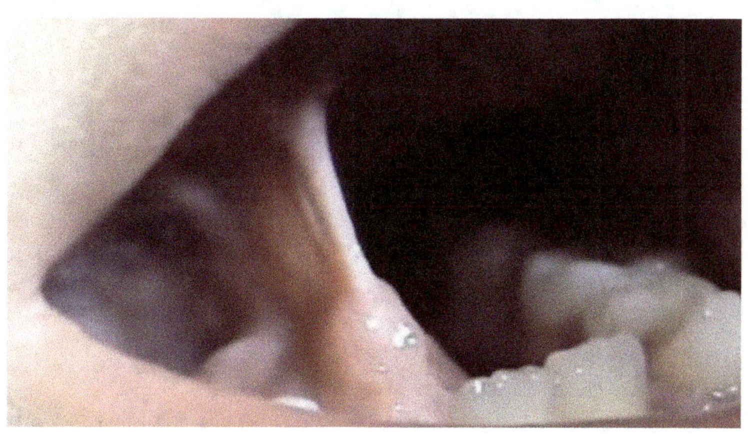

2 - لعق الآيس كريم.

3 - لعق الشفتين.

4 - العزف على آلات النفخ.

5 - عندما يقــرر اختصاصيو اللغة والكلام أن كلام الطفل متأثر سلبًا بالتصاق اللسان.

علاج اللسان الملتصق أو المربوط:

بعد الاستــماع إلى الأم، والفحص الدقيــق، يقرّر الطبيب إذا كان المولــود يحتاج إلى جراحة، أو إذا كان بإمكان اللسان المربوط أن يعود تدريجيًا إلى الحركة الطبيعية.

الجراحة بسـيطة جدًّا، ولا تحتاج إلى تخدير إذا كان عمر

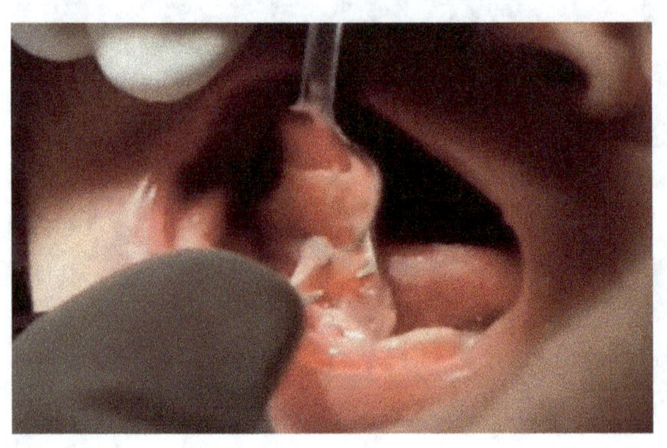

الطفل أقل من أربعة أشهر، ويتم إجراء الجراحة في عيادة الطبيب عن طريق قطع النسيج الذي يربط أسفل الفم. ويتم إجراء ذلك كما ذكرنا بدون بنج، وبدون مضاعفات كالنزيف والتي هي نادرة جدًّا.

أما كيف تتم العملية، فإنها تتم بشكل بسيط جدًّا، حيث يتم وضع إصبعي السبابة والإبهام تحت لسان الطفل، ويرفع لتكون الرؤية جيدة، ثم تجري عملية القطع وتحرير اللسان، وباستطاعة الطفل الرضاعة مباشرة بعد العملية.

ولا بـد مـن القول، إن الطفل لا يحتاج لعناية خاصة، حيث يتماثل للشفاء بشكل تلقائي، وخلال فترة الشفاء تُرى بقعة بيضاء تحت اللسان تختفي خلال أسبوعين أو ثلاثة.

أمـا إذا كان الطفل يحتاج إلـى عملية تقويم اللجام، حيث يكون سـميكًا جدًّا. في هذه الحالـة يلجأ إلى البنح العام وعند إغلاق الجرح يتم عادة بخيوط تمتص تلقائيًا بينما يشفى اللسان.

انغلاف الأمعاء
Intussusception

يُفهــم من انغلاف الأمعاء أو كما هو متعارف عليه بالعامية [عقدة مصران] على أنه الحاجز المعوي الحاصل نتيجة تداخل قطعــة من الأمعاء في القطعة التي تليهـا، والاثنتان معًا تكوّنان هـذا الحاجز، أو بمعنى آخر، كتلة الانغلاف هي القطعة الداخلة التي تســد لمعة القطعة الثانية، وبالتالي تســبب انسدادًا معويًّا، بالإضافة إلى انقطاع التروية الدموية عن القطعة المتداخلة فتسبب الاختناق، وبالتالي تموت الأمعاء.

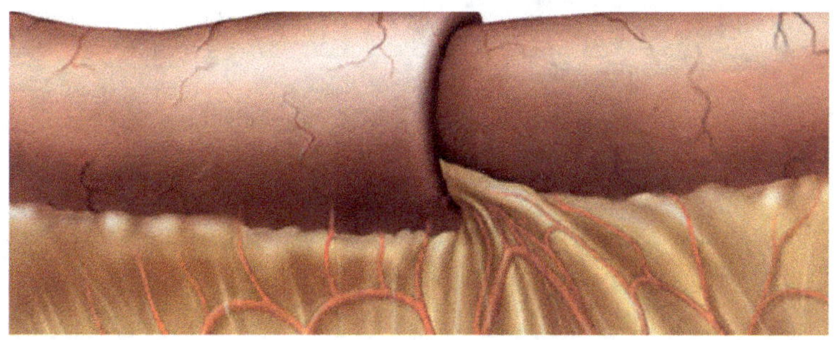

من الناحية التشريحية:

- عشرة في المئة تكون صائمي صائمي.

- خمسة وسبعون في المئة تكون صائمي كولوني.

- خمسة في المئة تكون صائمي صائمي كولوني.

- ثلاثة في المئة تكون كولوني كولوني.

إن 95 في المئة من الأسباب غير معروفة، وفقط 5 في المئة من الحالات يمكن إيجاد السبب، ومنها لويحات باير أو رتج ميكل أو بوليبات أو توذم في جدار الأمعاء نتيجة فرفرية هينوخشونلاين أو أجسام أجنبية، وبعض الدراسات تربطه مع بعض أنواع الفيروسات أو الطعومات المعطاة للطفل عند حدوث الانغلاف.

من المعروف أن الانغلاف هو السبب الأكثر شيوعًا لانسداد الأمعاء عند الأطفال، وإن خمسين بالمئة من الحالات تحدث بين عمر شهرين وستة أشهر، وتشاهد بعض الحالات حتى عمر الثلاث وأحيانًا خمس سنوات.

الأعراض:

يكون الطفل بصحة جيدة ويصاب بنوبة ألم فجائية شديدة، حيث ينطوي الطفل على نفسه، وقد يسحب ركبتيه إلى صدره ويبكي بكاءً شديدًا، وتستمر هذه الحالة بين عشرين ثانية وعدة دقائق، وتستمر نوبات الألم بشكل متفاوت وتتقارب من بعضها، ثم يتعرق الطفل ويتقيأ، ثم يغيب الألم لفترة، ليعاود من جديد

إلـى أن يسـتمر الألم، ويصبـح متهيّجًا أو خمـولًا، وبعد عدة ساعات يبدأ الطفل بتبرز موشى بالدم، أو مخاط مدمي شـبيه بالجيلـو، وإذا تركت الحالة لفترة يصاب الجزء المنغلف بنقص الترويـة الدموية، ومن ثم تتموت الأنسـجة، ما يؤدي إلى انثقاب الأمعـاء ومن ثم التهاب باريطـوان، لذلك يعتبر الانغلاف حالة طبية طارئة ويجب التعامل معها بالسـرعة الممكنة للوصول إلى التشـخيص الصحيح والعلاج المناسب قبل الدخول في مرحلة المضاعفات الخطيرة، ألا وهي موت جزء من الأمعاء والانثقاب والتهاب البريطوان المعمم.

التشخيص:

الفحص السريري له دور كبير في التشخيص، حيث إنه عند فحص البطن نسـتطيع جس كتلـة الانغلاف في المربع العلوي الأيمن من البطن، وأحيانًا يمكن مشـاهدة الانغلاف خارجًا من

الشـــرج حيث يجب تفريقه عن هبوط الشــرج، ومن ثم يصاب الطفل بحالة قلة نشــاط وخمول وعدم ارتكاس، وفي الحالات المتأخــرة يصــاب بتجفاف مــع فقدان وعي، وقــد يصل عدد الكريات البيضاء إلى 20000 مع انحراف نحو الأيســر، وأحيانا تفيد الصورة الشعاعية البسيطة في التشخيص، ولكن التشخيص الأكيد يتم عن طريق الحقنة الباريتي، أو عن طريق الســونوغرام أو الإيكو حيث تشاهد علامة الدونتس أو عين الثور وهي علامة واسمة في تشخيص الانغلاف.

هناك مضاد اســتطباب للحقنة الباريتية وذلك في الحالات المتقدمـــة، أي في حالات الصدمة عند الشـــك بانثقاب الأمعاء أو حالات التبرز الدموي المخاطي الشـــديد حيث التخوف من الانثقاب يكون مرتفعًا جدًّا.

العلاج:

عادة يكون العلاج بعدة طرق، طبعًا بعد تحسّن حالة الطفل ومعالجـــة الصدمة، نبدأ بعملية الرد المائي باســتعمال الرحضة الباريتيـــة، حيث لا يرفع كيس الرحضة أكثر من 75-100 ســم، ويكون الرد تحت التنظير وبوجود جرّاح الأطفال وطبيب الأشعة.

وهناك طريقة ثانية، وذلك باســتعمال الرد بالضغط الهوائي على أن لا يزيد عن 13 ملم زئبق، وهذه الطريقة أسلم من الطريقة

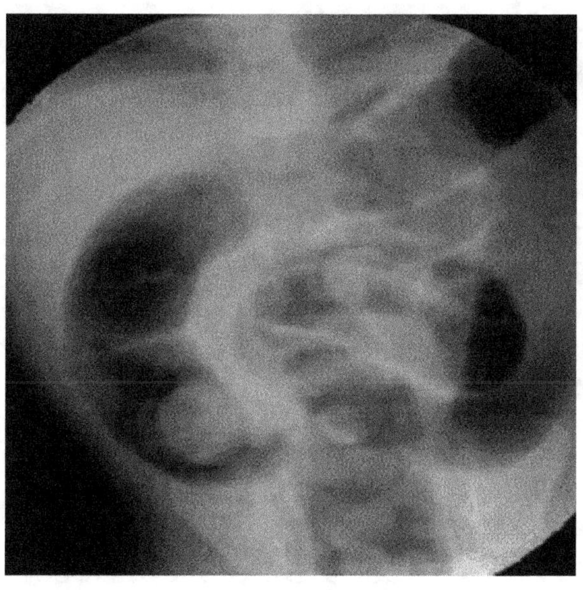

السـابقة من ناحية الفعالية والاختلاطات، ويمكننا إعادة الحقنة الباريتيـة أو الهوائيـة مرة ثانية إذا لم يتم الـرد خلال المحاولة الأولى، في حال نجاح عملية الرد بالاستطاعة إرسال الطفل إلى المنزل مع شـرط أن يراقب الأهل الطفـل لتحري أي أعراض غيـر طبيعية قد تطرأ عليه، ولكن من المفضل ترك الطفل تحت المراقبة في المستسفى لمدة 24 ساعة قبل إرساله إلى المنزل، وفي حال فشل الرد عندها لا بد من اللجوء إلى العلاج الجراحي حيث نجري الرد وإصلاح التشوه التشريحي إذا وجد، والبتر في حالات تموّت الأمعاء.

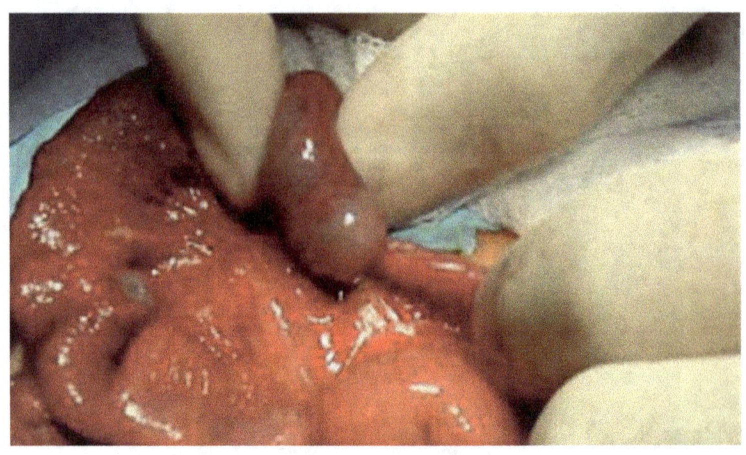

هـــذا يعني أن العـــلاج الجراحي نلجأ إليه في حال فشـــل العلاج المحافظ، حيث يتم تحضير الطفل للعمل الجراحي عن طريق وضع أنبوب أنفي معدي، ثم إصلاح التجفاف واضطراب الشـــوارد الحادث نتيجة الإقياءات، ثم يعطى مضادات الالتهاب في حالة الانثقاب، خلال العمل الجراحي يجب معاملة الانغلاف كمعاملة فقاعة الصابون لأنها تكون هشـــة وقابلة للتمزق، حيث يد تشد على الأسطوانة الداخلة ويد تكبسها (مثل عصر معجون الأسنان)، حتى تحرير الجزء العلوي من الأمعاء وإزالة الانسداد وكما ذكرنا سابقًا بعد أن يتم الرد نتأكد من سلامة النسيج المنغلف ومن عدم وجود انثقاب وتموت في الأمعاء، أما في حال وجودها يتـــم بتر المنطقة المتموتة وإعادة وصل طرفي الأمعاء الســـليمة وبعدها يتم البحث عن أي تشوه تشريحي مرافق وإصلاحه.

وقد تشاهد حالات نكس بعد العمل الجراحي بنسبة :

- خمسة بالمئة بعد المعالجة المحافظة.

- اثنين بالمئة بعد المعالجة الجراحية.

- صفر بالمئة بعد الاستئصال.

تضيّق البوّاب الضخامي
Pyloric Stenosis

إن تضيق البوّاب الضخامي عند الأطفال هي حالة جراحية هامة وذلك لكثرة مصادفتها. إن الأسباب غير معروفة بعد، وهناك من يعتقد أن أخذ الطفل في الأشهر الأولى من حياته مضادات حيوية كالاريترومايسين لمعالجة السعال الديكي قد تكون من الأسباب، أو أن تأخذ الأم المضادات الحيوية في الأشهر الأخيرة من الحمل أو تدخين الأم خلال فترة الحمل من العوامل المؤدية للمرض، وهناك المزيد من النظريات المذكورة بهذا الخصوص، وهـي غيـر ثابتة. من الثابت أن التضيّق يبدأ بتشـكل ورم كاذب حول البوّاب يسبب الإقياء وتأخّر إفراغ المعدة باتجاه الأمعاء.

نسبة الحدوث هي 1/ 500 ولادة حية، حيث تبدأ الأعراض في الأسـبوع الثالث من العمر، وإن الذكور يصابـون أكثـر مـن الإناث بنسبة ¼% يشاهد عند الخدج بنسبة أكثر مـن المولودين بتمام الحمل.

الأعراض:

تبــدأ الأعراض بالظهــور ابتداءً من الأسـبوع الثاني حتى الثامن، وهناك حالات متأخرة شــوهدت بعمر أربعة أشـهر وما فـوق. وهذا طبعًا يتوقّف على التشـخيص الباكر للمرض الذي يبدأ على شــكل إقياءات متكررة وقويـة وتكون نافورية وخالية مـن الصفراء، وفي بعض الأحيــان فيها بعض الخيوط الدموية، ونرى بعد الرضعة بوقت قصير تقلصات على شكل تموحات في الجزء العلــوي من البطن ناتجة عن تقلص العضلة التي تحاول إدخال الطعام إلى الأمعاء الدقيقة. يتراجع نمو الطفل، وينقص وزنه، علمًا أنه بحالة جوع دائم وتلهف مستمر للرضاعة، كذلك يترافق مع إمسـاك وتجفاف. ونلاحـظ أن تغيير الحفاظات أقل بكثير من الأطفال الأصحاء بنفس العمر، وأحيانًا قد يكون بكاء الطفل بدون دموع.

التشخيص:

عند فحص الطفل يمكن الشعور بكتلة البواب المتضخمة، وتسـمى الزيتونة، ويُؤكد التشــخيص بإجراء صورة شعاعية بعد إعطــاء مادة ظليلة مخففة. وبالرغم من مخاطرها؛ فهي وسـيلة دقيقة للتشــخيص، حيث يظهر انحباس هـذه المادة في المعدة لساعات، ثم تبدأ بالمرور بشكل خيطي عبر البواب، كذلك يمكن

إجراء سونوغرام أو الإيكو، وذلك لتحديد الزيتونة البوابية حيث يشاهد زيادة حجمها، حيث إن طول القناة البوابية يكون أكثر من 15 ملم وعرض البواب أكثر من 14 ملم وسماكة العضلة أكثر من 4 ملم.

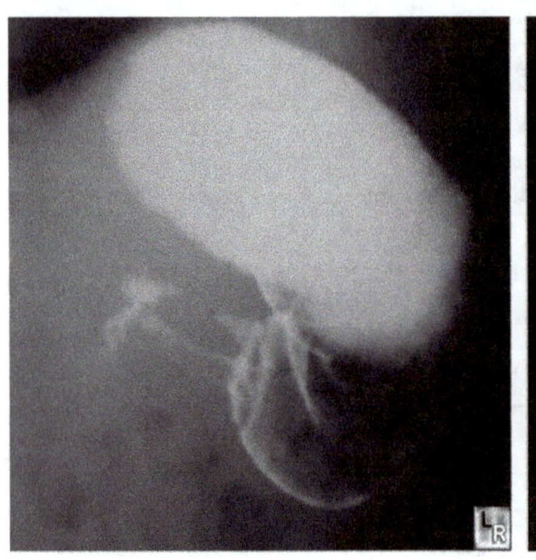
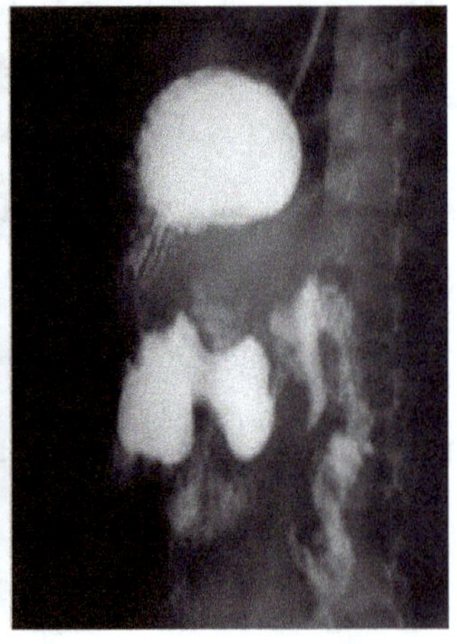

العلاج:

هو دائمًا جراحيّ، حيث يجب تحسين حالة الطفل العامة قبل إجراء العمل الجراحيّ، وإصلاح التجفاف، ويتم ذلك خلال 12-24 ساعة، ويجب إجراء غسيل للمعدة، لإزالة بقايا الحليب والمادة الظليلة التي استخدمت خلال التشخيص الشعاعي، ثم ترك أنبوب أنفي معدي مفتوح بحجم 16 ف، وذلك لإزالة البقايا وإعطاء المصول السكرية والملحية بنسبة 200 ملغ لمدة 16-15

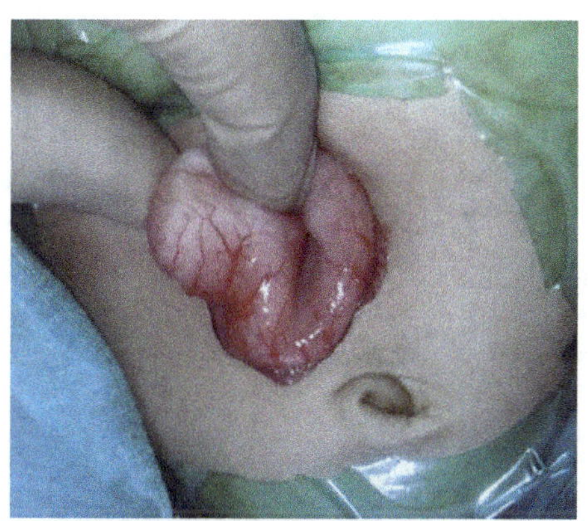

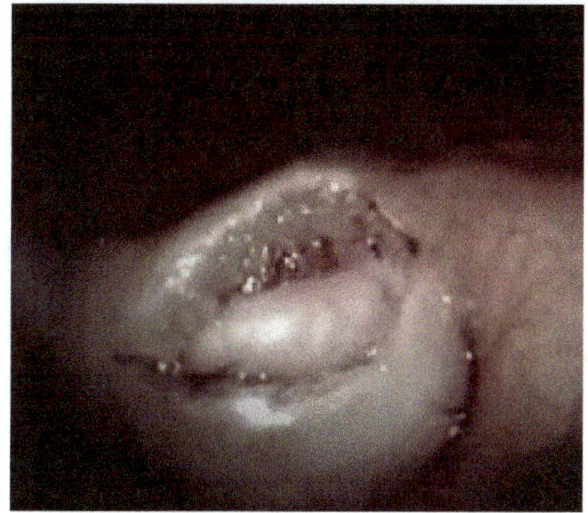

ساعة، ويجب إصلاح الشوارد وخاصة البوتاسيوم وإصلاح القلاء الاستقلابي الحاصل نتيجة الإقياءات المتكرّرة.

أما بالنسبة إلى العلاج فهو جراحي، والطريقة المتبعة هي طريقة فريدت – رامشتد عن طريق إجراء شق معترض في الربع العلوي الأيمن للبطن، ومن ثم يستخرج البواب المتضخم، ويُجرى قطع طولي للعضلة المتضخمة، وذلك في النقطة الأقل تروية، وتُبعد العضلة عن بعضها بلطف شديد إلى أن ينفتق الغشاء المخاطي الذي يجب المحافظه عليه سليمًا، ومن ثم نقوم بإرقاء النزف وإعادة البواب إلى مكانه، ثم إغلاق الجرح.

الاهتمام بالطفل بعد العمل الجراحي أساسي، حيث يبقى الطفل بحالة صيام لمدة 12 ساعة، ونبدأ بإعطائه كميات صغيرة من السـوائل، ثم 10 مل كل ساعتين، ثم مضاعفة الكمية، حتى نصل إلى الكمية المطلوبة حسـب وزن الطفل، وبعد مرور 48- 72 ســاعة نبدأ بإعطاء الطفل الغذاء المتناسب مع عمره وإرساله إلى المنزل.

اختلاطات العمل الجراحيّ:

قليلة جدًّا، ولكن يمكن أن يحصل انثقاب بالغشاء المخاطي بنسـبة 2٪، حيث تظهر الأعـراض الباريتوانية والحرارة العالية، وعلاجها جراحيٌّ أيضًا. أحيانًا يمكن إجراء عملية الخزع للبوّاب بطريقة ناقصة، حيث إن الأعراض السـابقة تستمر، ولكن يجب انتظار حوالى الأســبوع لتأكيد هذا الاختلاط، وعلاجه جراحيٌّ أيضًـا، كذلــك قد يحدث التهاب الجرح بنســبة لا تتجاوز 1٪. الإنذار بعد الجراحة جيد جدًّا ونسبة الشفاء 100٪.

الطفل المنغولي أو متلازمة داون!

!Down Syndrome

كل كائن حي يخضع في تطوّره الأولي للأوامر التي تصدر عن الصبغيات الموجودة في البيضة الملقحة التي تعتمد بدورها على تغذية الأم الحامل التي إذا تعرّضت بدورها للالتهابات أو تناول مواد كيميائية قد تؤثّر سلبًا على نمو الجنين داخل الرحم، ويمكن أن ينتج عن ذلك إسقاط أو موت الجنين بعد الولادة مباشرة أو تعرّضه لتشوهات خلقية كثيرة، ومن بينها تثلث

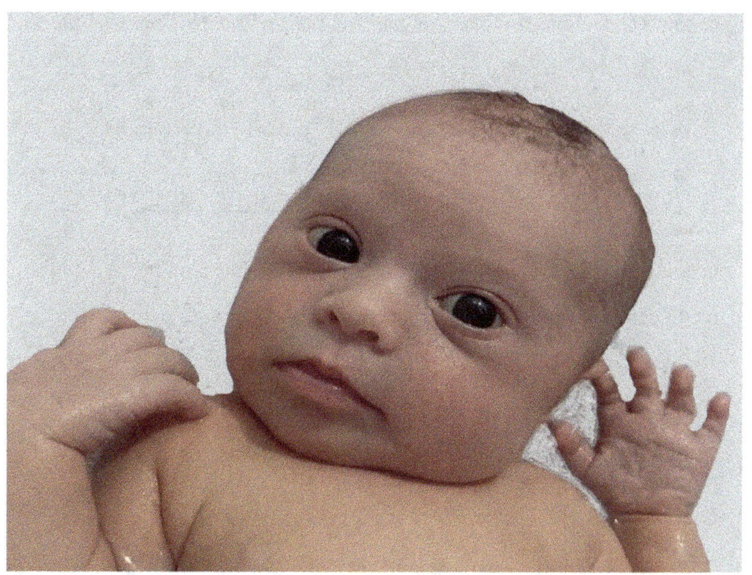

الصبغـي 21، أو ما يدعى بالمنغولية. جاءت هذه التسمية لأن الطفل في هذه الحالة تظهر عليه ملامح تشبه العرق المنغولي، وسمي كذاك بتناذر داون، نسبة إلى العالم الإنكليزي الذي وصفه لأول مرة سـنة 1866، وأن نسـبة حدوثه حوالى واحد لكل 800 ولادة. تحدث هذه الحالة نتيجة زيادة النسـخ الكلي أو الجزئي للكرومـوزوم 21، وهذه المادة الوراثية الزائدة هي السـبب في التغيرات التطورية التي يتميز بها المصابون، وبشـكل عام هناك ثلاثة تصنيفات لهذا النسخ:

1 – ما يسمى بتثلث الصبغي 21 حيث يشاهد فيما يزيد عن 90٪ من الحالات، أي يتكون لدى الطفل ثلاث نسـخ مـن الكروموزوم 21 في كل الخلايا بدلًا من اثنتين في الحالات العادية. يحدث ذلك بسـبب الانقسـام غير الطبيعي أثناء نمو الخلية المنوية أو خلية البويضة.

2 – الحالة الفسيفسائية وهذا شكل نادر، حيث يشاهد عند المصاب بعض الخلايا فقط تحتوي على نسخ إضافية من الكروموزوم 21 والسـبب انقسام الخلية بشكل غير طبيعي بعد التخصيب.

3 – الشـكل الذي يحدث دون التبـدل الصبغي أي يصبح الجزآن من الكروموزوم 21 متصلين بكروموزوم آخر،

وهــؤلاء يكـون لديهم قبل الحمل وخلاله النســختان المعتادتــان من الكروموزوم 21 مع مواد وراثية إضافية مرتبطة بكروموزوم آخر.

وقد أظهرت الدراســات أنه كلما كبر ســن الوالدة ازدادت نســبة الإصابة، وأن معدل العمر للأمهــات عند ولادة أطفالهن المصابين بالمنغولية تزيد عشــر ســنوات عــن الأمهات ذوات الأطفال غير المصابين. وبشكل عام فإن المرأة بعد سن الخامسة الثلاثيــن تصبح عرضــة أكثر لولادة طفل مصاب، لأن بويضات

النساء الأكبر سنًّا تكون أكثر عرضةً للانقسام غير الصحيح، ولكن هذا لا يمنع مشاهدة أطفال مصابين ولدوا من أمهات اصغر من ذلـك بكثير. في أغلـب الأحيان لا تكون هذه المتلازمة وراثية، ومع ذلك يعاني حوالى 5% من المصابين بهذه المتلازمة بالتبدل الصبغـي الموروث من أحـد الوالدين بغض النطر عن إصابتهم بالمـرض، وبعبـارة أخرى يمكـن أن ينقـل الأب أو الأم التبدل الصبغـي غيـر المتوازن إلى الأبناء، ما يؤدي إلى إصابة الأطفال بالمتلازمة حتى ولو كان الآباء لا يعانون منه.

التشخيص :

إذا كان هناك شك بالإصابة، فإن هناك فحوصات لا بد من إجرائها في الثلث الأول من الحمل، أي ما بين 10-13 أسـبوعًا من الحمل وتشمل على إجراء فحص دم لقياس بروتين البلازما أ المرتبـط بالحمل، كذلك السـونوغرام أو الموجات الصوتية لقياس الشـفافية القفوية. كذلك قد يلجأ لأخذ عينة من المشيمة وتستخدم في تحليل الكروموزومات الجنينية، وخطر الإجهاض بسبب هذا الفحص منخفض.

أما الفحوصات التي تُجرى في الثلث الثاني من الحمل، أي بين الأسبوع 15-22، وتشمل على إجراء فحص الألفا فيتو بروتين والاستريول والاتش سي جي، وفي هذا الثلث أيضًا يمكن إجراء بزل السائل الأمنيوسي خلال إدخال إبرة إلى رحم الأم وأخذ عينة من السائل المحيط بالجنين، ونسبة الإجهاض بعد هذا الفحص قليلة جدًّا، كذلك يمكن بزل الحبل السري عند الجنين. وإذا تمّ تشــخيص المرض في الثلث الأول وكان هناك تشوهات ولادية مرافقة عندها يخير الأهل بين متابعة الحمل أو إنهائه.

يتميــز الأطفــال المصابــون بالمتلازمــة بملامــح مميزة وتشــوهات ولادية مترافقة تختلف ما بين الخفيفة والمتوسطة والشديدة. أما بعد الولادة، فيعتمد التشخيص على وجود التأخر

العقلي، حيث إن نسبة قياس الذكاء عند هؤلاء الأطفال لا تتجاوز الخمسين بالمئة، ولكن بشكل عام فالطفل المنغولي هو طفل مرح وسهل المعاشرة، كما أنه غير مؤذ، يتأخر عنده المشي عن السنتين، تطور الكلام يكون بطيئًا، الصوت غالبًا غير واضح ويخرج من الحنجرة، يكون قصير القامة يميل إلى البدانة، فتحة العينين تميل إلى الأعلى وتكون مترافقة مع التهابات حواف الأجفان، ارتكاز الأذنين عندهم منخفض، يكون جسر الأنف مسطّحًا، نقط بيضاء صغيرة على الجزء الملون من قزحية العين تدعى بقع برونسفيلد، اللسان كبير الحجم وبارز، ما يؤدي لتعرضه للهواء وتشققه، الشفاه غليظة ومتدلية إلى الأسفل، البطن ضخم، وقد يكون مترافقًا مع فتق السرّة وعلاجه يكون جراحيًا، كما تكون لهم بصمات خاصة يمكن أن تساعد على تشخيصهم، الرقبة قصيرة، يدان عريضتان مع أصابع قصيرة، وتجعيد واحد في كفّ اليد، بالإضافة إلى بصمة متميزة، كذلك تسطّح القدم وتباعد المسافة ما بين أصابعها، ضعف إدراكيّ معتدل إلى متوسط مع تأثّر الذاكرة القريبة والبعيدة، كذلك عندهم بعض التشوّهات المرافقة كاستحالة الخصية، والخصية الهاجرة والعقم، بالإضافة إلى أن نسبة حدوث ابيضاضات الدم عند الأطفال المنغوليين تقدر بثلاثة أضعاف ما هو عليه عند الأطفال الطبيعيين، وتكثر عندهم التشوّهات القلبية، وتشوّهات الجهاز الهضميّ كالبنكرياس الحلقيّ، وعدم نضج العفج التي

غالبًا ما يكون علاجها جراحيًا، انقطاع النفس أثناء النوم وخطر الإصابة بانقطاع النفس الانسـدادِيّ النوميّ، السّمنة ومشكلات الحبل الشـوكيّ بسـبب فرط تمدّد الرقبة، مشاكل الغدد الصمّاء والأسنان والأذن، بالإضافة إلى السمع والبصر، ورغم كل تلك المشـاكل لا بد من الإشـارة إلى ارتفاع الأعمار للمصابين بهذه المتلازمة، فقد يعيشـون حتى السـتين سنة، وذلك اعتمادًا على شدّة المشكلات المرافقة وسرعة احتوائها.

المعالجة:

أولًا وقبل كل شيء، يجب تقدير المشاعر التي تواجه الأهل عندما يعلمون أن ابنهم مصاب بمتلازمة داون، تلك المشاعر التي يمتزج فيها الشعور بالذنب والغضب والخوف المترافق مع القلق مـن ناحية رعاية طفل مصاب، لذلـك يجب إعطاء جرعة دعم معنوي ومحاولة تفسير وشرح جميع الأسئلة التي تجول بخاطر الأهل بالنسبة للمرض، وإفهامهم أن العلاج قد يتشارك فيه أكثر من اختصاص وأكثر من طبيب، وذلك حسب التشوّهات الولادية المرافقة وحسـب خطورتها. وأنواع العـلاج، تكون، بالإضافة للصحية والجسدية، بالعلاج النفسي والسلوكي والتعليمي وتعزيز الثقة بالنفس، ومسـاعدة الأهـل للبحث عن مجموعات الدعم المناسـبة لهم وللطفل، لكي يصل إلى مرحلة شـبه استقلالية. بمعنى آخر تشـجيع وتعليم ودعم الطفل إلى مرحلة يكون قادرًا

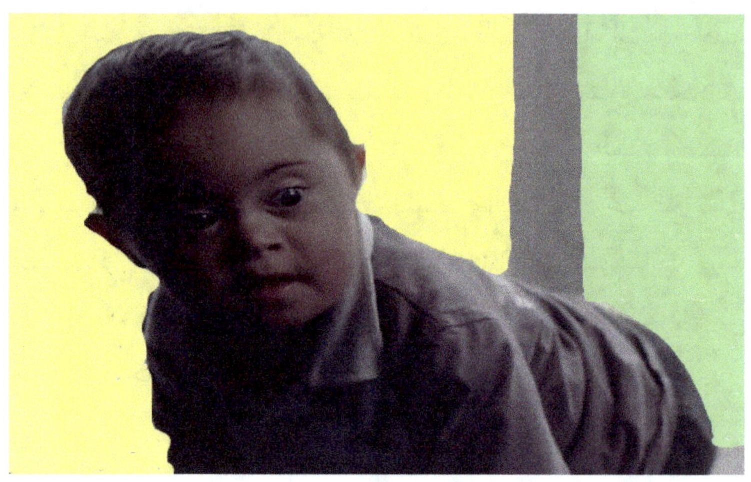

على تدبير نفســه في أمور النظافة وخلع الثياب ولبسـها، غسيل الملابس، تغذية نفســه بنفسه، إشراك الطفل بالبرامج الترفيهية، بالإضافة إلى النشــاطات الاجتماعيـــة، ومن ثم البرامج النهارية وورش العمل التي تستوعبه. وفي النهاية، كما ذكرنا سابقًا، فإن عمر المصابين يمكن أن يتجاوز الستين، ويصبح مستقبل الأغلبية منهم واعدًا، يعيشون مع أهلهم، يذهبون إلى المدارس، يحصلون علــى وظائف، ومن الملاحظ أن هؤلاء الأطفال عندما يُمنحون العناية الطبية الجيدة ودعم الأهل المناسب يصبح متوسط العمر عندهم عاديًا تقريبًا كباقي الأطفال الأسوياء.

لا بد من الإشــارة إلــى أن الكروموزوم هو هدف علاجيّ جيد للعلماء، وهناك بارقة أمل في العلاج داخل الرحم عن طريق

استهداف الجين المسبب ومحاولة تغيير الكروموزوم الزائد في خلايا الطفل، لكن هذه العلاجات ما زالت قيد البحث والتطوير.

حاولنا الاختصار في هذا الموضوع، لكن في الوقت نفسه حاولنا قدر الإمكان إعطاء فكرة عامة عسى أن تفيد الأهل. فهذا الموضوع يحتاج إلى الكثير من الصفحات لإيفائه حقه.

فوائد الإرضاع الطبيعي
عند الطفل والأم

الإرضاع الطبيعي هو وسيلة رائعة لتغذية المولود الجديد بحليب الأم، وفي الوقت نفسه تحضير جسمه لتقبّل الطعام الصلب في مراحل لاحقة، لذلك تختلف تغذية الطفل حسب مراحل عمره. ففي الأشهر الأولى يقتصر الغذاء على حليب الأم الذي يحتوي على عناصر غذائية تؤمن التغذية التامة للطفل، فهو مزيج من الفيتامينات والبروتينات والدهون بالإضافة للأجسام المناعية الضدية التي تنتقل إلى الطفل عن طريق ذلك الحليب الذي عجزت مختبرات العالم عن تصنيع شبيه له مئة بالمئة بالرغم من التطور البحثي والعلمي على جميع الأصعدة. إن تركيبة حليب الأم تتناسب مع حاجة ومتطلبات الطفل وتحمّل جسمه وأجهزته المختلفة، لذلك يعدّ حليب الأم هو الأفضل والأقل ضررًا، والأكثر ملاءمة من جميع أنواع الحليب التركيبي والاصطناعي المختلفة مهما جرى من تعديلات أو إضافات عليه، وذلك لعدة الأسباب:

- إنه سهل الهضم، ويتم هضمه في معدة الرضيع في مدة

لا تتجاوز الســاعة والنصف، بينما باقي أنواع الحليب الاصطناعي لا يتم هضمه قبل مرور ثلاث ساعات.

- إن الطفــل يأخذ الحليب مباشــرة من الحلمة دون أن يتعرض لأي تلوث جرثومي قد يحدث بسهولة في حالة الإرضـــاع الاصطناعي، وبالتالي يجنب الطفل الإصابة بالإسهال وبعض الالتهابات الجرثومية الأخرى.

- إن الطفــل يتناول جميع رضعاته بنفس درجة الحرارة، حيث يصعب توافر هذا الشرط في الإرضاع الاصطناعي.

- يســاعد على تمرير البراز الأول بسهولة وكذلك على منع اليرقان وتنظيم إفراز البيليروبين.

- إن نسـبة الوفيات في الإرضاع الاصطناعي تفوق 3-4 مرات نسبته عند الإرضاع الطبيعي.

- إن بعــض مـواد المناعة الموجودة عند الأم تمر إلى الرضيــع عن طريق الحليب وتنقل عناصر مناعة خاصة مهمة جدًا هي عناصر المناعة الخلوية iga والغلوبولين المناعي، وهي مناعة خاصة بهذه الأشهر وليست دائمة. ولا بد من الإشارة إلى أن الرضعات الأولى تكون مكثفة جدًا وتشبه اللقاح الأول من حيث الأجسـام المناعية بالدرجة الأولى وباقي مصادر التغذية التامة الموجودة.

- تساعد الرضاعة الطبيعية على تطوير نمو الدماغ والفك بشكل سليم. ولا بد من الإشارة إلى دراسات تشير إلى أن نسبة الذكاء عند الرضع تكون أعلى منها عند الأطفال غير الرضع.

- الرضاعة الطبيعية تساعد الرحم على العودة إلى أخذ حجمه الطبيعي الذي ينمو خلال الحمل بشكل كبير، وذلك عن طريق زيادة تحفيز إفراز هرمون الاوكسيتوسين الذي يتم إفرازه خلال الحمل وتزيد نسبته خلال فترة الإرضاع الطبيعي، ما يحفز بالتالي تقلصات الرحم ويقلل النزيف.

- الإرضـــاع الطبيعـــي يعطي جســم الأم الوقت الكافي لاستعادة الوضع كما كان قبل الحمل حيث يؤخر ظهور الدورة الشهرية ما بين 3-6 أشهر.

- إنقاص وزن الأم من دون عناء، على الرغم من أن الأم تزداد شهيتها والطلب على السعرات الحرارية بحوالي 500 سعرة في اليوم، لكن بدءًا من الشهر 4-6 تبدأ الأم بفقدان الوزن المتراكم خلال فترة الحمل.

- الإرضـــاع الطبيعـــي يقلل لـدى الأم خطـر الإصابة بسرطانات الثدي والمبيض، بالإضافة لأمراض القلب والسكري.

- ولا بـد من توجيـه النصح للأم للعناية بالثديين خلال الإرضاع عناية خاصة، حيث تمسح الحلمة قبل الرضعة بقطعـة من القطـن المبلل بالماء المغلـي، ولا يجوز استعمال الكحول وغيره، لأنه قد يسبب تشقق الحلمة، وتعيد الشيء نفسه بعد انتهاء الرضعة، ثم تغطي الثدي بقطعـة قماش نظيفة وناعمة، ثم يثبت بواسطة حمالة الصدر.

يُنصـح أن يكـون الإرضاع الطبيعي لفتـرة لا تقل 4 – 6 أشـهر ومن بعد هذه الفترة تضاف المواد شبه الصلبة كالخضار والفواكه والبيض، علمًا أنه لا توجد أية دراسـة علمية تشير فيها إلى سـن معين يكون فيه حليب الثدي غير مؤثر غذائيًا للطفل، يعتمـد طول فترة الرضاعة أو قصرها على الأم بالدرجة الأولى، وعلى الطفـل، حيث عليها عدم التأثر بالآراء والأقاويل من هنا أو هنـاك، بـل يجب عمل ما يرضيك أنت وطفلك. ولا ننسـى أن الإرضاع الطبيعي اقتصادي، يوفر الوقت والمال على الأهل، ويقوّي الرابطة بين الأم ووليدها، ويجعل الأم أكثر ارتباطًا وعطفًا واعتناءً بالطفل، ويكون دافعًا لها للاعتناء بنفسها أيضًا.

الأورام السرطانية عند الأطفال

إن كلمة سـرطان هو مصطلح شائع يطلق بشكل عام على مجموعـة متعـدّدة من الأمراض، والتي يمكن لها أن تصيب أي جزء من الجسـم، وهي ناجمة عـن النمو غير الطبيعي والتكاثر العشـوائي غير المنتظم للخلايا في الجسم، وتشكل بمجموعها الورم الذي يسمى بنفس الوقت حسب العضو الذي يحدث فيه هذا الخلل وهذا النمو العشوائي.

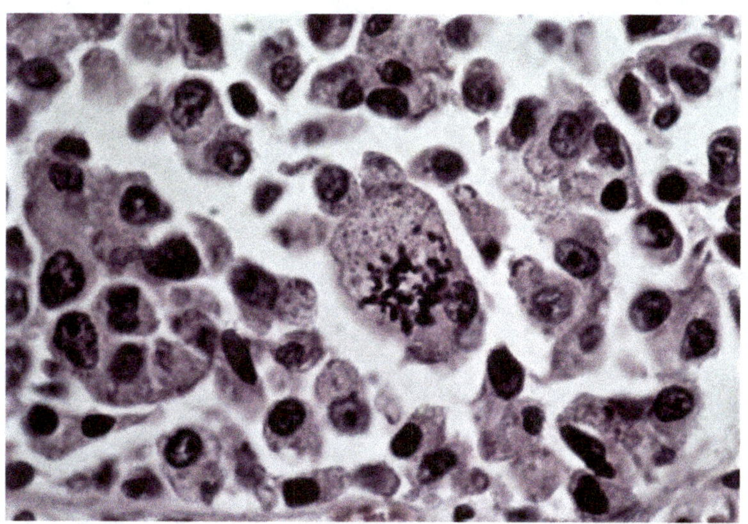

ولا بـــد لنـــا من القول إن الخلية تـؤدي عملها نتيجة أوامر وتعليمات تأتيها من الجينات لتأدية وظيفتها بشكل سليم ومنتظم، وعندمـــا تهـــرم تلك الخلايا تموت ويحلّ محلها خلايا سـليمة أخرى لتأدية الوظيفة المسـؤولة عنها. أما في حالة السرطانات؛ فـإن تلـك الأوامر إما أن لا تصل بشـكل نهائي إلى الخلية، أو أن تصلها بشـكل منقوص، ما يؤدي إلى فقدان السـيطرة عليها واستمرارها بالنمو والتكاثر العشوائي غير المنتظم وغير المسيطر عليه، وتتميز بالقدرة على التوغّل والانتشار إلى أماكن قد تكون بعيدة عن مركزها الرئيسـي، وهـــذا يعتمد بالدرجة الأولى على نوع هذا السـرطان، وهذا ما نسـميه بالانتشار أو الانتقالات. وتجري عملية الانتشار بعدة طرق، أولًا الانتشار إلى ما حولها، أي إلى الأنسـجة المجاورة، وأحيانا تلجأ إلى الطريق اللمفاوي أو الطريـــق الدموي، وتسـبّب الانتقالات البعيدة، وهذه صفات الأورام الخبيثة التي هي على العكس من الأورام الحميدة، وهذه الأخيرة لا تحدث انتقالات ولا تتحول إلى سرطان خبيث، إلا أنه لا بد من الإشارة إلى أن حوالى 10% منها قد تتحوّل إلى خبيثة. والسـرطانات أو الاورام الخبيثة عند الأطفال تختلف بأسـبابها وأنواعها عن تلك الموجودة عند الكبار.

إن سـرطان الدم عند الأطفال هو الأكثر شيوعًا، يشاهد ما بين عمر 1-14 سنة، ثم يليه ورم الجهاز العصبي المركزي، ومن

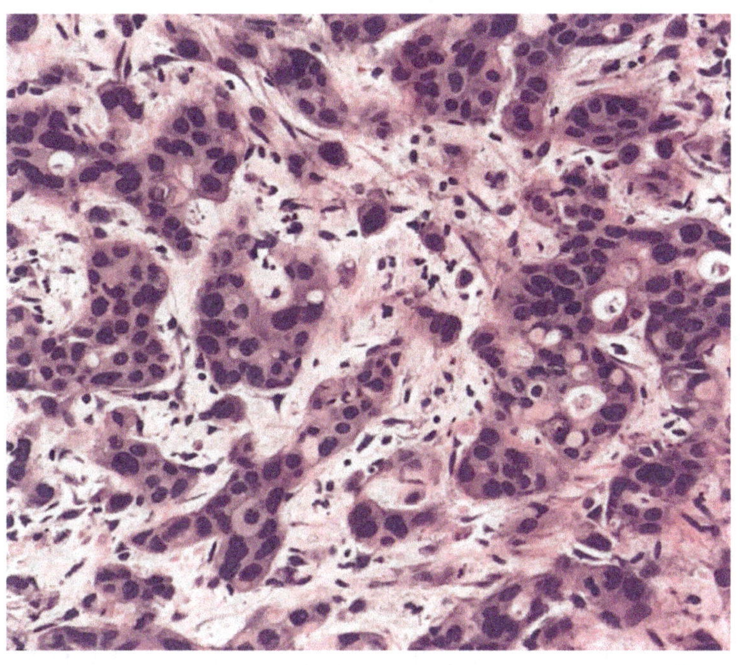

ثم النوروبلاستــوما، ومن ثم النفروبلاستوما أو ما يعرف بورم ويلمز وغيره. وحســب منظمة الصحة العالمية يشخص حوالى أربعمئة ألف طفل في العالم ما بين عمر 1–19 سنة. وإن حوالى 80٪ منهم يعيشون في البلدان النامية، حيث إن نسبة التشخيص والعلاج والشــفاء أقل بكثير منه فــي البلدان المتطورة، وتعزى أغلب الوفيات الناجمة عن ســرطانات الأطفال في هذه البلدان المتوســطة والمنخفضة الدخل إلى القصور أو الخطأ في وضع التشخيص، أو عدم وجود الإمكانيات والتأخّر بوضعه أو إلى عدم وجود الرعاية والإهمال في العلاج. وهنا لا بد لي من الإشارة

إلى أنه يجب عدّ كل طفل مصاب بورم خبيث قابلًا للشفاء حتى يثبت العكس، ويجب التحدّث مع الأهل بروح التفاؤل، وأن لا يكون هناك أي شعور باليأس عند الطبيب مهما كانت الحالة، حتى لا ينتقل هذا الشعور إلى الأهل، والذين قد يمتنعون عن مراجعة الطبيب إذا انتقل إليهم هذا الشعور الذي سينعكس سلبًا على الطفل، ويجب عدم مناقشة حالة الطفل مع الأهل بحضور الطفل، وخاصة إذا كان ذلك الطفل بسن واعية ومدركة. وخلال تجربتي لاحظت أن التكلم عن الموت واليأس وعدوانية السرطانات أمام طفل مدرك خطير، فلا شك أن الحزن والألم سيعتصر قلب ذلك الطفل الذي سيتألم بصمت، وسيحتج بشدة، ويرفض الذهاب إلى عيادة الطبيب، ولا بد من الاشارة إلى أن البحث في موضوع سرطانات الأطفال يحتاج لمجلدات لإعطائه حقه، ولكن سأقتصر بالكلام على أورام البطن الأكثر شيوعًا ومصادفةً عند الأطفال، وهي النوروبلاستوما والنفروبلاستوما مسقطين الأورام السليمة من الحديث، لأن كل ورم أو كتلة في بطن طفل تعدّ خبيثة حتى يثبت العكس.

النوروبلاستوما أو الورم الجذعي العصبي:

النوروبلاستوما هو من أكثر الأورام الصلبة شيوعًا خارج الجملة العصبية المركزية، وأكثر ورم خبيث شيوعًا يشاهد عند الرضّع، حيث ينشأ هذا الورم من خلية تسمى النوروبلاست

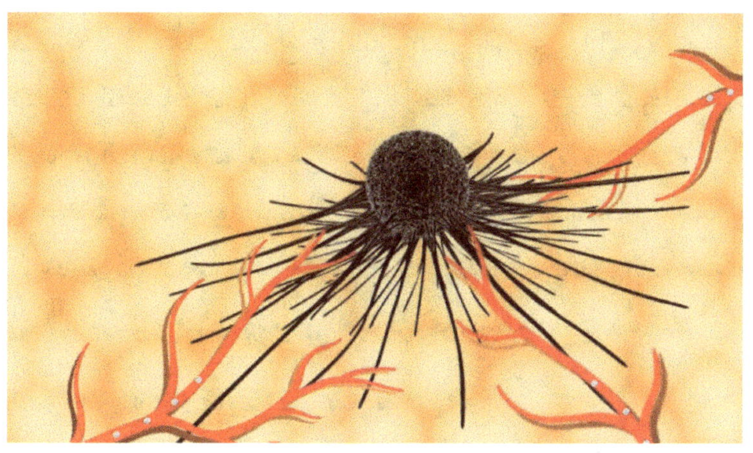

وهي توجد على طول السلسلة والجهاز الودي الممتد من قاعدة الجمجمة إلى منطقة العجز، وكذلك في الغدة الكظرية الواقعة فوق الكلية والمفرزة للأدرينالين.

ذروة حدوث النوروبلاستوما ما بين 4-6 سنوات، وفي 50٪. من الحالات تشاهد بعمر السنتين، ويكون تموضعه في البطن بحوالى 60٪. أما في الصدر فحوالى 15٪، وفي الرأس 2٪، و3٪ في الحوض، والباقي في أماكن أخرى. يصيب الذكور أكثر من الإناث، وحسب الدراسات نسبة حدوثه 7000/1 ولادة. في الولايات المتحدة يشخص حوالى 670 حالة في العام. يعلل حدوثه بأنه نتيجة فشل الخلايا العقدية العصبية في النضج ونتيجة شذوذات د.ن.أ خلايا الأرومات العصبية تتحول إلى خبيثة، والشذوذات تحدث نتيجة حذف الذراع الصغير للصبغي 1-36ب

مـــع فقدان متغاير للذراع الطويل علــى الصبغي 14. ولا بد من التذكير أنه هناك كابحة للخلايا الورمية تدعى ترك أ تسيطر على الخلايا الورمية وتمنعها من التطور، ولكن عند تفعيل المورثات الخبيثـــة يتـــم تحييد ترك أ ومنعها من القيـــام بعملها. ولا بد من الإشارة إلى أن هذا الورم قد يكون مترافقًا مع بعض التشوّهات الولادية كداء هيرشبرنغ أو الفيوكروموسيتوما.

أعراض وعلامات المرض:

الأعراض والعلامات تختلف حسب حجم الورم وانتشاره وتموضعه، فإذا كان تموضعه في البطن يكون على شـــكل كتلة بطنيـــة أحيانًـــا تأخذ أحجامًا كبيرة مترافقـــة مع أعراض هضمية وألم بطني. إما إذا كانت في الرقبة أو الصدر فيكون الورم على شكل كتلة صلبة تضغط على الأوعية الدموية، ما يسبّب متلازمة الأجـــوف العلـــوي، ومن أعراضها تورّم الوجـــه والرقبة وأعلى الصدر، وتغيّر لون الجلد إلى الأحمر المزرق في بعض الأحيان. كذلك تترافق مع ألم في الصدر وضيق في التنفّس مع ســـعال، أما في الرأس فأول ما يلاحظ هو جحوظ العينين، وقد يكون في عين واحدة مع هالة ســـوداء حول العينين تدعى العين السوداء، وكأن الطفل تلقى لكمة على عينيه.

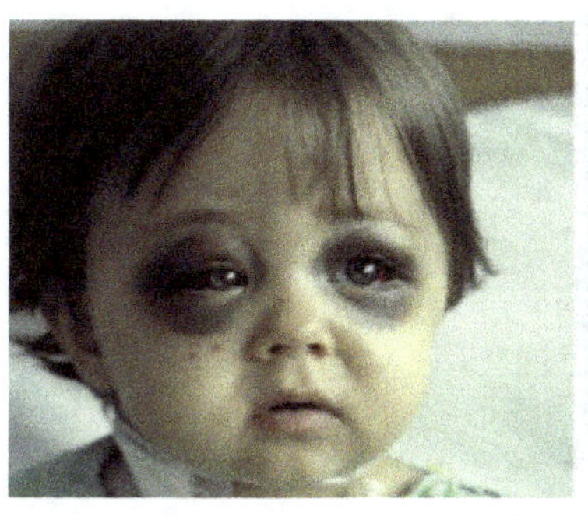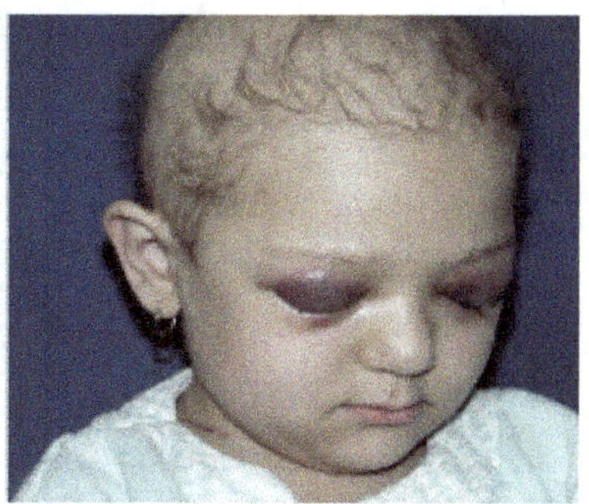

قد يؤدي أيضًا في حال إصابة العقد الرقبية العلوية لحدوث متلازمة هورنر، أي انسـدال جفن العين مع ضيق الحدقة نتيجة إتلاف الأعصاب المحيطة بالعين، وقد يلاحظ أيضًا عدم التعرّق فـي جانب واحد من الوجه، لكن هناك أعراض وعلامات عامة بغض النظر عن التموضع، وتكون على شـكل نقص في الشهية مع شـحوب، إقياءات وفقدان وزن مع ارتفاع الحرارة، خفقان في القلب، إسـهال إرهاق وتعب، وأحيانًا إمسـاك، ضعف في الساقين، ارتفاع الضغط الشرياني نتيجة زيادة الكاتيكولامينات، لكن من أهم الأعراض التي تشير إلى هذا الورم الآلام المفصلية والعظميـة بشـكل عام، لأن هذا الورم يحـدث انتقالات بعيدة إلـى العظام بالدرجة الأولى، لذلك قد يلتبس مع الآلام الرثوية المفصلية.

انتقالات النيروبلاستوما:

تكون إمـا بالطريق اللمفاوي إلى العقــد اللمفاوية القريبة ومـن ثم البعيدة، وإما بالطريــق الدموي إلى الكبد. وكما ذكرنا سابقًا إلى العظام الطويلة والمسطحة، كذلك الانتقال إلى الجملة العصبيــة المركزية، لكن في بعض الأحيان يكون سيـر المرض بطيئًا، وفـي أحيان أخرى قد يحدث شـفاء عفوي نتيجة موت الخلايـا الورمية أو تحولها إلى خلايا ودية، ما يحوّل الورم إلى ورم حميد، لكن في كثير من الأحيان يكون السـير سـريعًا جدًّا، ما يصعب على الطبيب تحديد نقطة البداية بشكل دقيق. وأحيانًا مع الأسـف الشديد يتم تشـخيص الورم بعد أن يكون قد انتشر ووصل لمراحل متقدّمة.

تحديد الانتقالات يتمّ على الشكل الآتي:

المرحلـة الأولـى: يقتصر الورم فـي تموضعه على منطقة واحدة من دون الوصول إلى العضلة، وتتم إزالته بالكامل بواسطة الجراحة.

المرحلـة الثانية: يقتصر وجوده علـى منطقة واحدة، لكنه يصيـب العضلة، من دون تخطي الصفاق، لكن ما زال بالإمكان إزالته بالكامل بواسطة الجراحة.

المرحلة الثالثة: الورم تخطى صفاق العضلة، يمكن إزالته بالكامل، لكن الخلايا السرطانية توجد في العقد اللمفية القريبة.

المرحلة الرابعة: يجتاز الحجاب الحاجز، وهناك انتشار للورم في العقد اللمفية البعيدة أو العظام ونخاع العظم والكبد، لا يمكن إزالة الورم بالكامل بواسطة الجراحة. ويوجد ما بين كل مرحلة أيضًا شبه مرحلة يمرّ بها الورم للانتقال إلى المرحلة التي تليها.

التشخيص:

يبدأ أولًا بأخذ القصة السريرية للمريض والسوابق الشخصية والعائلية، ومن ثم الفحص السريري للتأكّد ما إذا كانت الكتلة مجسوسة، حيث إنه ورم قاسٍ وغير مؤلـم عند الجس، ومن ثم يتم إجراء فحوصات شـعاعية تشمل صورة للصدر والبطن، بالإضافة للصورة الصوتية أو السـونوغرام والسكانراو التصوير الطبقي المحوري الذي يعطينا صورة شـديدة التفصيل، والرنين المغناطيسـي كذلك البيتسـكان. وقد نلجأ لإجراء صورة ظليلة للجهـاز البولـي، كذلك إجراء المسـح العظمـي للبحث عن الانتقالات إذا وجـدت. أما الفحوصات المخبرية تظهر لنا فقر دم، لكـن تعداد الكريات البيض يبقى ضمن الحدود الطبيعية، كذلك الفحوصات تشـمل وظائف الكبد والكلية وشوارد الدم.

وعلينـا أن لا ننسـى الخزعة الاستئصالية أو خزعة من الورم لفحـص الخلايا ووضع التشـخيص الدقيق، كذلك يجرى بزل لنقي العظام بحثًا عن خلية النوروبلاسـت التي تشكل تجمعات تدعى الروزيت، كذلك يتم جمع بول 24 سـاعة بشروط معينة، والتأكـد من ارتفاع حاصلات الكاتيكولامينات، الفانيل مندليك اسيد، كذلك يمكن كشف حمض السيستونين بنسبة أكثر من 65٪ من المرضى.

المعالجة :

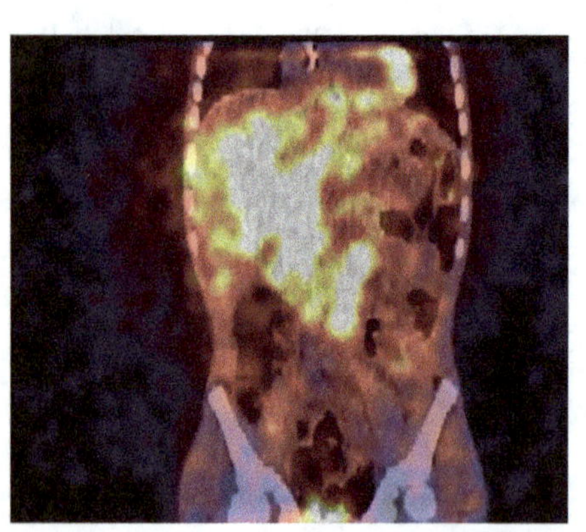

تعتمـد المعالجـة على عدد مـن العوامل وأهمهـا: عمر المريض ومرحلـة المـرض وتموضـع الورم، حيث إذا كان خلـف البريتوان يكـون أكثـر خباثة من التموضعـات الأخرى، وإلى أي مدى انتشـر لذلك تشمل المعالجة الجراحية التامة إذا كان المريض في المرحلة الأولى التي قد تكون كافية.

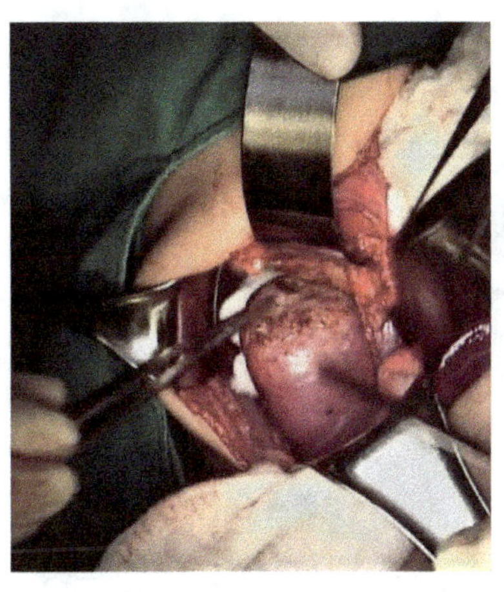

أما إذا كان في المرحلة الثانية فالاستئصال الجراحي غير كاف، عندها يتشارك مع العلاج الشعاعي. أما في المرحلة الثالثة فيكون العلاج، بالإضافة للاستئصال الجراحيّ، متشاركًا مع العلاج الكيماوي الذي يشمل الفنكريستين والسيكلوفوسفاميد والادريامايسين والسيسيبلاتين والعلاج المناعي، بالإضافة للتشعيع الموضعي حيث يستعمل الميتا ايودوبنزيل غوانيتيدين، وهي مادة مشعة أو ما يُعبّر عنه: أم إي ب ج.

أما في المرحلة الرابعة، فإن العلاج الشعاعي أولًا ومن ثم العلاج الجراحي ومن ثم الكيماوية والمناعية والشعاعية الملطفة، خاصة في

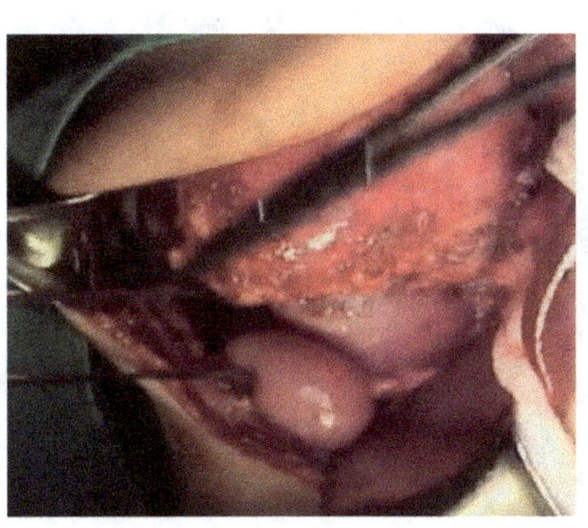

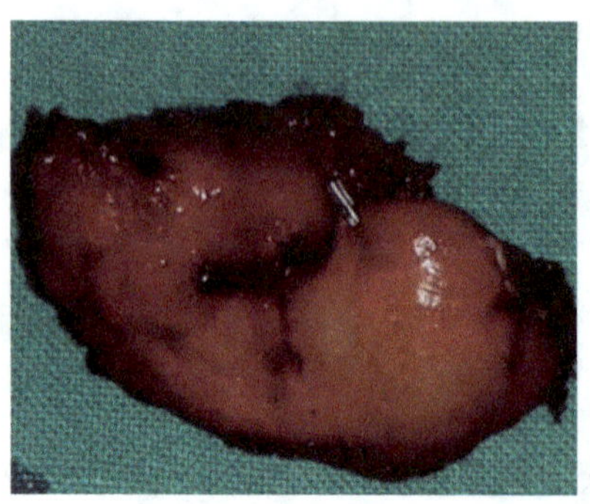

حالة الانتقـــالات العظمية ومعالجـــة الأعراض العامة مثل فقر الدم. ومن الجدير ذكـــره أن الـــورم إذا كان تموضعه خلـــف البريتوان كما ذكرنا سابقًا يكون أكثر خباثـــةً وأكثـــر عدوانيةً من أماكـــن أخرى. وأخيـــرًا وليس آخـــرًا، يؤدي العمر دورًا مهمًّا في عملية الشـــفاء، فنسبة الشـــفاء عند صغار السن أفضل بكثير من غيرهم، حيث إن معدل الحياة عند الأطفال دون الســـنة تتجاوز الـ83٪، أما في الأعمار الأعلى، فإن هذه النسـبة تكون أقل من ذلك بكثير. ومن الملاحظ أنه كلما كان عمر الطفل أكبر والانتشار أوسع كان الورم أشدّ خبثًا وأكثر عدوانيةً ومقاومةً للعلاج.

النفروبلاستوما أو ورم ويلمز:

ســمي بورم ويلمز نسـبة إلى الجرّاح الألماني ماكس ويلمز 1867 – 1918. توفي هـذا الجرّاح خلال الحرب العالمية الأولى بعد إصابته بالديفتيريا.

يعـدّ هذا الورم مـن أكثر وأشـهر الأورام الكلوية والكتل البطنية مشاهدة عند الأطفال، حيث إن ذروة حدوثه ما بين 2-4 سـنوات، حيث يصبح أقل شـيوعًا بعد عمر الخمس سنوات، ونسـبة حدوثه تقريبًا 175000/1 ولادة، وإن نسـبة حوالى 15٪ منه وراثيّ، وأكثر من 70٪ غير متعلق بالوراثة.

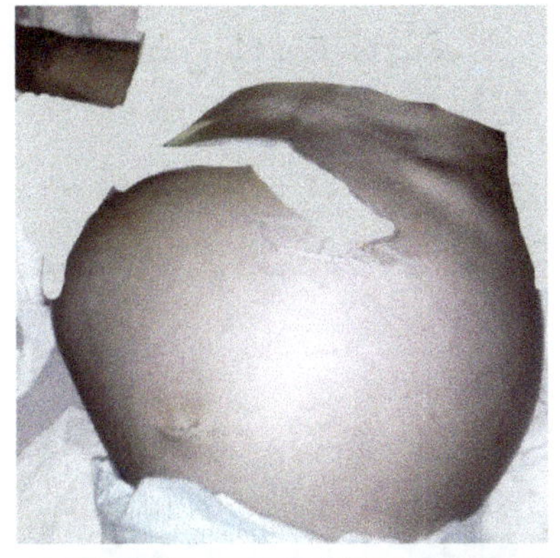

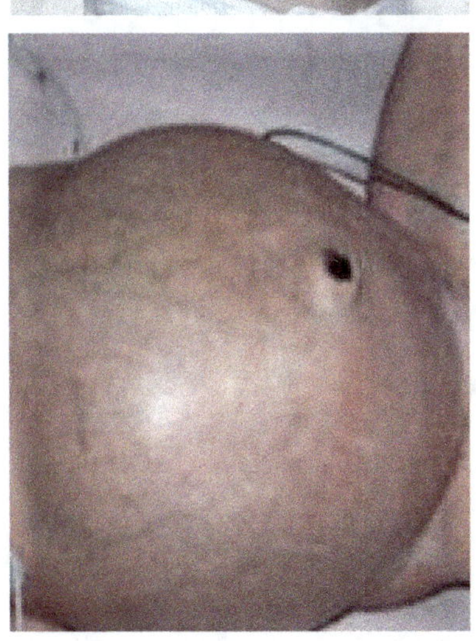

يلاحظ فـي الولايات المتحـدة أن الأمريكيين من أصل إفريقي يـزداد الخطر لديهم للإصابة بالورم، مقارنةً مع أطفال من أجناس أخرى. يترافق حوالى 10٪ منه مع تشـوهات ولادية كالإحليل التحتي أو الخصية الهاجرة أو الكلية بشكل نضوة الفرس أو حالـة الضخامة الشـقية، أي إن جانبًـا مـن الجسـم أكبر مـن الجانـب الآخر، متلازمة واغنر، انعدام قزحية العيـن، ويكـون بنسبة 7٪ ثنائي الجانب. ويلاحظ أن

الكلية اليسرى أكثر إصابة بالورم من الجهة اليمنى، يبدأ المرض عندما تحدث أخطاء في الحمض النووي تؤدي إلى إمكانية نمو وانقسام الخلية بطريقة لا يتم السيطرة عليها، فتتراكم تلك الخلايا العشـوائية النمو والانقسام وتشكّل الورم، وهذه العملية تتمّ في خلايا الكلية.

الأعراض والعلامات:

أهـم وأول عـارض هو وجود كتلة بطنيــة في الخاصرة لا تتجاوز الخط المتوسـط كمـا في النوروبلاسـتوما. يمكن أن تكتشـفها الأم أثنـاء تبديل فوط الرضيـع أو الطفل. هذه الكتلة مؤلمـة بالجسّ بعكس النيروبلاسـتوما مترافقة، بالإضافة للألم البطنـي، بانتفاخ في البطن مع ترفـع حروري، غثيان وإقياء مع فقدان الشـهية، إمساك، ضيق نفس، ارتفاع الضغط الدموي، بيلة دموية. وتشاهد بشكل خاص بعد إجراء جسّ البطن، وهنا لا بد مـن التحذير من جس البطن المتكرر عند المشـتبه به بالإصابة بورم ويلمز لأن تكرار الجسّ يمكن أن يسـبّب انتشـار الخلايا الورمية إلى الوريد الكلوي، ومنه إلى مناطق وأعضاء أخرى في الجسـم، ويتم ذلك بهرس الخلايا الورمية وانتقالها عبر الوريد الكلوي، لذا يُرجى عدم تكرار الجسّ.

التصنيف المرحلي للورم:

إن الانتقالات تتمّ أولًا إلى الجوار ومن ثم إلى العقد اللمفاوية، إلى الكبد في حال وجوده في الكلية اليمنى، انتقالات بعيدة بشكل انتقائي إلى الرئة، ويمكن أن ينتقل إلى العظام والجملة العصبية المركزية. والجدير ذكره أن ورم ويلمز كالنيروبلاستوما يتم تصنيفه اعتمادًا على حجم الورم وتموضعه وانتشاره، مع العلم أنه ما بين كل مرحلة وأخرى يوجد ما يسمى ما تحت المرحلة أو مرحلة عبورية إلى التي تليها.

المرحلة الأولى: يوجد الورم ويتموضع بكلية واحدة، ولم يتخطَّ الكبسولة، يمكن إزالته تمامًا جراحيًّا.

المرحلة الثانية: يجتاز الكبسولة ويصل إلى الأنسجة المجاورة للكلية والدهون من دون أن يتخطاها، ما زال بالإمكان إزالته تمامًا بالجراحة.

المرحلة الثالثة: ينتشر خارج منطقة الكلية بالقرب من الأوعية الدموية ثم اللمفاوية، لا يمكن إزالته بالكامل بالجراحة.

المرحلة الرابعة: انتشارات بعيدة حيث يصل إلى الرئتين والكبد والعظام.

المرحلة الخامسة: يوجد في الكليتين.

الفحوص الشعاعية والمخبرية :

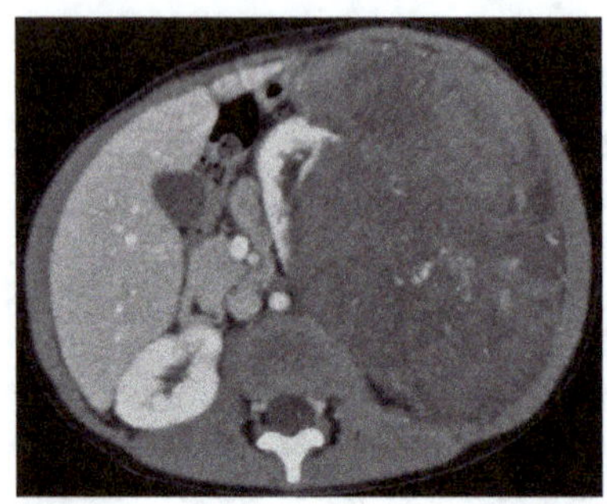

فحص دم شامل حيث يمكــن ملاحظــة ارتفــاع الالفافيتــو بروتيين عندهم، بالإضافــة إلــى فحص بول حيث تظهر فيه بيلة دموية وقد نجد حمض الهيالورونيك في بولهم.

إضافة إلــى اختبارات التصوير وفي مقدمتها صورة ظليلة للكلية حيث تبدو كلية صامتة أو مفرزة وقد تشوهت كؤيســاتها، الأمــواج فوق الصوتيــة، التصويــر الطبقي المحوري.

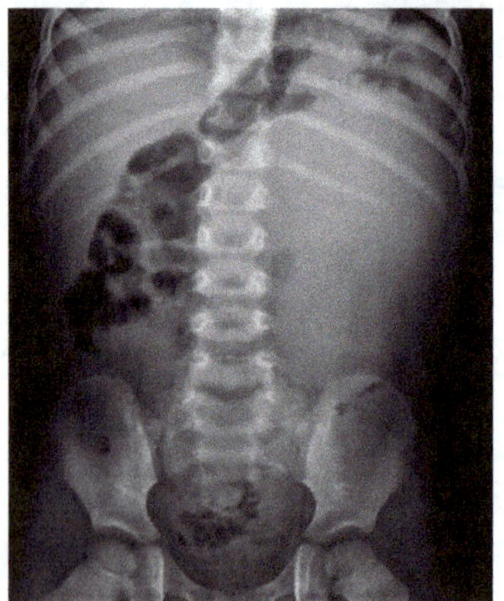

الرنيــن المغناطيســي، صــورة للصدر وفحص العظام للتأكّد من تخطيه الكلية ووجود انتقالات بعيدة.

التدبير والمعالجة :

إن المعالجـة الأساسية بالدرجة الأولـى الجراحية، ومـن ثـم كيماوية وشـعاعية، ولكن أحيانـا قـد نضطر للبـدء بالمعالجـة الكيماويـة أولًا في

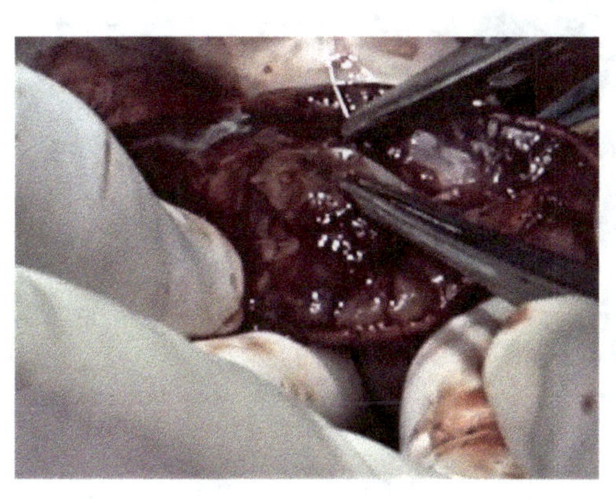

حال كان حجم الورم كبيرًا، ومن الصعب اسـتئصاله بشكل تام، وذلك لمدة حوالى أربعة أسابيع، حيث يصغر حجم الورم وتتضح معالم تموضعه بشـكل أحسن، ما يسهل عمل الجرّاح. وبشكل عام، فإن الجراحة تختلف أيضًا تبعًـا لمرحلة السـرطان، حيث يكون الاسـتئصال أحيانًا جزئيًّا للكلية، حيث ترسـل الأنسجة المسـتأصلة إلـى التشـريح المرضـي لتحديد النوع ودرجة الخباثة بشكل دقيق.

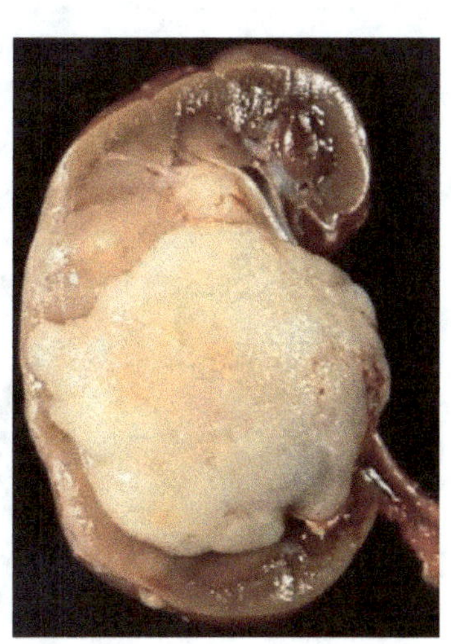

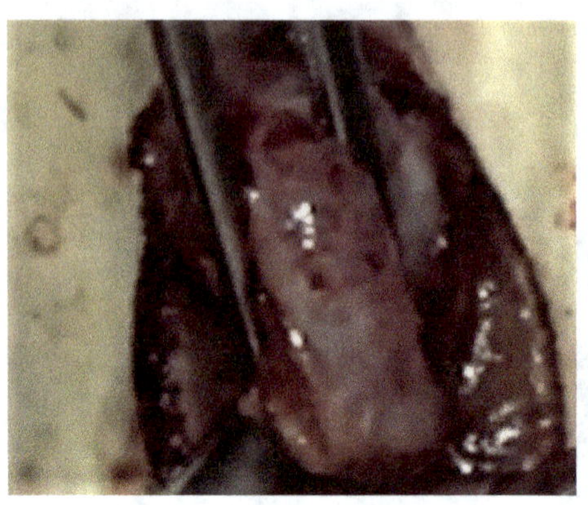

وأحيانًا أخرى يكون الاستئصال جذريًّا، بما في ذلك الغدة الكظرية المجاورة للكلية وجزء من الحالب مع تنظيف وإزالة العقد اللمفية المجاورة. أما في حال وجد الورم في الكليتين، فالجرّاح يحاول إزالة القسم الأكبر من النسيج السرطاني، وعندها يحتاج الطفل لغسيل الكلى.

أما بالنسبة للعلاج الكيماوي، فهناك أدوية قوية تعمل على قتل الخلايا السرطانية في كل الجسم بشكل عام، لكن لها تأثيرات جانبية أحيانًا تكون مزعجة ليس فقط للطفل بل للأهل كذلك، كسقوط الشعر، أما بقية التأثيرات الجانبية

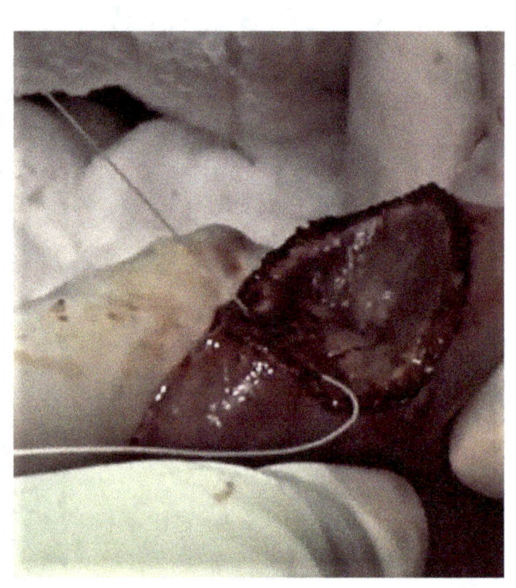

فتكون على شكل غثيان وإقياء مع فقدان الشهية، كذلك لا ننسى الالتهابات الانتهازية التي تشارك العلاج الكيماوي.

أما بالنسبة للعلاج الشعاعي، فيستخدم بعد الجراحة لقتل الخلايا السرطانية التي لم يتم إزالتها بالجراحة، ويتم بإعطاء حزم عاليـة من الطاقة، لكن له أيضًا تأثيرات جانبية كالغثيان والإقياء والإسهال مع إعياء شــديد وتهيّج في الجلد، هناك مدارس لا تفضل إعطاءه للأطفال، وذلك حسب المرحلة العمرية علمًا أنه في الآونة الأخيرة هناك تطور في العلاج الشعاعي بالبروتونات، وهو علاج موجّه عالي الدقة يدمر الخلايا السرطانية مع الحفاظ على الخلايا السليمة، وقد يصبح هذا العلاج خيارًا للسيطرة على السـرطان الذي ينتشر في أماكن أخرى. ولا بد من الإشارة إلى أن معالجة ورم ويلمز قد تطوّرت تطوّرًا رائعًا، فأصبحت نسبة الشفاء في عمر خمس سنوات تتخطّى الـ95٪ في بعض المراكز الطبية، ونسبة الشفاء من هذا المرض قد تصل إلى 80٪ في جميع مراكز العالم، ولهذا يعدّ ورم ويلمز من الأمراض التي تستجيب للمعالجة بشكل جيد، وكلما كان عمر الطفل صغيرًا كانت نسبة شفائه أكبر.

يجب مراقبة المرضى ما بعد الإصابة بالسرطان، أي الذين نجـوا من خبائثة السـرطانات والذين تلقوا العلاج الكيماوي النظامي والعلاج الشـعاعي، وذلك تحسّبًا لأعراض قد تكون

حـــادة وقد تكون مزمنة أو متأخرة للعلاج، والتي تشـــمل فقدان السـمع إلى مشـــاكل القلب والأوعية والعقم. وهناك دراسات تشير إلى أنه بعد 25 سنة من التشخيص حوالى 25٪ من الناجين لوحظــت إصابتهم بنوع ثانٍ من الســرطان، حيث يصبح لديهم حظ أكبر للإصابة بأحد أنواع السرطانات بعد التعرض للأشعة، كذلك لوحظ لديهم فشـــل القلب الاحتقاني والعقم ومضاعفات أثناء الحمل والفشل الكلوي.

المصادر:

- ASHCRAFT : ATLAS DE CIRUGIA PEDIATRICA
- TRATADO DE PATOLOGIA CLINICA QUIRURGICA
- ATLAS OF PEDIATRIC PHYSICAL DIAGNOSIS
- CANCER: PRINCIPLES & PRACTICE OF ONCOLOGY
- MEDSCAPE
- WIKIPEDIA THE FREE ENCYCLOPEDIA
- JHONS HOPKINS MEDICINE
- BOOK MAYO CLINIC FAMILY HEALTH BOOK 5TH EDITION
- Hammoud M, Gerken J. Inguinal Hernia. (.ncbi. nlm.nih.gov/books/NBK513332
- CHILDREN HOSPITAL OF PHILADELPHIA DIVISION OF PEDIATRIC GENERAL THORACIC AND FETAL SURGERY

الفهرس